普天之下・盡是好書
普天出版家族
Popular Press Family
凌雲 A-Plus Creative Company 文創

戰勝人性的弱點 全集

洞悉人性，
就是致勝的捷徑

公孫龍策 編著

馬基維利在《君王論》中說：「為了察覺圈套，你必須變成狐狸；為了嚇跑豺狼，你必須變成獅子。」
這是一個奸人當道、小醜橫行的時代，唯有以牙還牙、以戰止戰，才是強者的成功法則。
你必須像狐狸一樣提防周遭的陷阱；當別人露出豺狼的猙獰面貌時，更必須像獅子一樣兇猛，
而且加倍奉還，千萬不要淪為任人宰割的「代罪羔羊」……

【出版序】

洞悉人性，就是成功的捷徑

•公孫龍策

「洞悉人性」是敲開成功大門最快速、最有效的捷徑；想要成就一番事業，就必須針對人性的弱點，運用一些必要的手段。

人是善變的動物，想法一直在修正，價值觀念也一直在變動。

在這個混亂多變社會中，沒有絕對正確的價值觀與行動基準。

人只要活著，就會受環境影響，被慾望操縱；而且，只要外界環境一改變，人適應環境的觀念和能力也會隨著改變，然後編織一套強而有力的說詞，去說服自己和別人。

許多人在人生旅程中遭遇失敗，並不是因爲能力不足，或是時運不濟，而是不了解人性，無法戰勝人性的弱點，被迂腐的價值觀念、行爲規範和思考模式束縛，既看不出眼前四伏的危機，也無法適時掌握成功的契機。

馬基維利在《君王論》中這麼說：「為了察覺圈套，你必須變成狐狸；為了嚇跑豺狼，你必須變成獅子。」

活在這個奸人當道、小醜橫行的時代，唯有以牙還牙、以戰止戰，才是強者的成功法則。你必須像狐狸一樣提防周遭的陷阱，當別人露出豺狼的猙獰面貌時，更必須像獅子一樣兇猛，而且加倍奉還，千萬不要淪爲任人宰割的「代罪羔羊」……

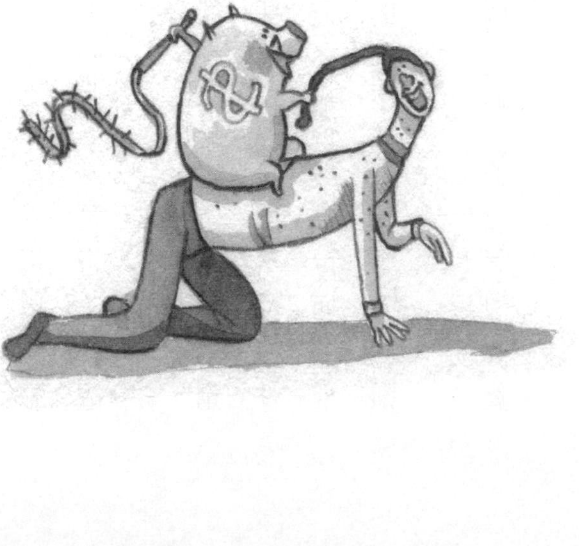

春秋時代，衛國有一個容貌俊俏的美少年名叫彌子瑕，深受有斷袖之癖的國君

衛靈公寵愛。

有一天深夜，彌子瑕得知自己的母親生病了，焦急地想趕回家中探望，可是，三更半夜無處僱車，只好打衛靈公輦駕的主意。他欺騙衛士說，自己已經徵得衛靈公同意，隨即急急坐上豪華馬車，星夜趕回家中。

當時，衛國律令規定，盜乘國君輦駕者必須斬斷雙足，然而，衛靈公知道這件事之後，不但沒有加以嚴懲，反而公開稱許說：「彌子瑕眞是一個難得的孝子，因爲擔心母親的病情，竟然願意冒著被斬斷雙足的危險，這種精神實在太令人敬佩了。」

又有一次，彌子瑕隨侍衛靈公到果園散心，信手摘下一顆桃子，吃了一半，覺得味道鮮美，便將剩餘的一半拿給衛靈公品嚐。

衛靈公非常高興，稱讚他說：「你眞是一個關懷自己君主的賢臣，有了美味的食物，也不忘呈獻給我……」

但是，當彌子瑕年華老去，容衰色敗之後，逐漸遭到衛靈公冷落。有一天，衛靈公想起彌子瑕以往的種種行徑，不由勃然大怒：「這個可惡的彌子瑕，從前未經我允許就擅自乘坐我的輦駕。又膽敢將吃了一半的桃子拿給我吃……」

衛靈公愈想愈生氣，最後終於殺掉了彌子瑕。

彌子瑕的故事，正是典型「愛之欲其生，恨之欲其亡」的例子。他受衛靈公稱讚以及獲罪被殺，都是緣自同樣的事情，因此孟子評論說：「以前之所以見賢，而後獲罪者，愛憎之變也。」

是的，人的愛憎情緒隨時在改變，相同的一種行爲，可能會因旁人愛憎情緒不同，而有截然不同的評價。相同的一種行爲，在不同的時空環境，也可能會出現迴然不同的看法。

在變動不羈的人生旅程中，我們都像彌子瑕，不知什麼時候會被衛靈公殺掉，不知什麼時候會被出賣、會被淘汰，唯一能做的就是讓自己變聰明一點，避開各式各樣的陷阱和危險，儘快尋找到改變生命的契機。

因此，做人必須洞悉人性，既不要輕易曝露自己的想法，也不要一味以別人的價值觀念當做自己行動的基準。

二次大戰時，英國首相邱吉爾說過一番膾炙人口的名言：「事實的真相是如此寶貴，所以需要大量的謊言加以包裝。」

人生就像是一場相撲，講究的不是蠻力，而是智慧、技巧和謀略，想要成就一番事業的人，都要懂得針對人性的弱點，運用一些必要的手段。

翻開歷史，看看古今中外的成功人士，不難發現他們都有一套自己的行事謀略，而且不太顧忌別人的看法和批評，也因此，才能按照自己的意志忠實地行動。

他們的例證告訴我們，「洞悉人性」是敲開成功大門最有效的方法；愈是自私的慾望，愈需要冠冕堂皇的說詞加以美化，才能快速達到目標。只要不犯法，小奸小詐其實無傷大雅。

我們應該學習他們的榜樣，要有「批評在你，行藏在我」的氣度與堅持，如此一來，中傷、批評就會如同啤酒的泡沫一般，片刻即消失無蹤。

要記住，別人無法鑑定你的價值。每個人都應該建立自己的行動基準，爲自己的價值觀念而活。

如果你仍然執迷不悟，到最後必定後悔莫及。

從現在起，不要再顧忌別人的眼光和批評了。切勿理會旁人的流言蜚語，只要保持著心靈和想法的自由，就可以像老鷹一般自由地飛翔。只要你成功了，就不會有人說你是錯的。

本書是《有點奸詐不犯法全集》的全新增修合集，謹此說明。

出版序　洞悉人性，就是成功的捷徑　●公孫龍策

01. 士氣，會改變你的運氣

有了士氣，就會有運氣。士氣高昂，不僅能將十分的實力發揮得淋漓盡致，有時更可能會有十二分、十三分……的超強演出。

奸詐，才是成功的心法　020
只有咬緊牙關，才能渡過難關　024
勇氣，讓你戰勝強敵　027
你確定自己「盡力」了嗎？　031
信念，會讓情勢轉變　034
如何在緊要關頭擊敗對手　038
士氣，會改變你的運氣　042
你有「破釜沈舟」的勇氣嗎？　046
衝過人生的轉捩點　500
如何掌握成功的節奏　054

02.

偶爾做個「無賴」也不錯！

做荒唐事並不等於做壞事。誠如拿破崙所言，「偉大與可笑只有一步之差」，行事荒唐不荒唐，全屬個人主觀的認定。

如何利用危機扭轉未來 060
自信是穩定人心的一張王牌 064
永遠不會跳票的「信心支票」 068
善用自己的「荒唐」經驗 071
不要讓殯儀館的老闆替你遺憾 074
跳出禮教的窠臼 077
偶爾做個「無賴」也不錯！ 080
想成就大事，就要大膽嘗試 084
偉大與可笑只有一步之差 088

03.

有時要用謊言包裝真相

英國首相邱吉爾曾經說過一句膾炙人口的名言：「事情的真相十分寶貴，所以需要大量的謊言加以包裝。」

有時要用謊言包裝真相 092
美麗的藉口是成功的要素 096
你知道怎麼「用人」嗎？ 100
如何「對牛彈琴」最快樂？ 103
不要老是挑剔別人的毛病 107
你真的視金錢如糞土嗎？ 111
有錢能使啞巴開口說話 115
你到底要錢還是要命？ 118
別讓自己淪為金錢的奴隸 121

04.

腦袋不是用來戴帽子的

先了解事情的本質，再運用靈活的策略去贏得勝利。千萬要記住，腦袋是用來思考的，不是用來戴帽子的。

到底誰才是豬？ 126

沈默，也是一種語言 130

做一個快樂的「聽話」高手 134

爭論，只會浪費你的生命 138

腦袋不是用來戴帽子的 141

不要當高人一等的蠢蛋 145

何必在乎別人怎麼說 149

別讓虛榮膨脹你的自尊 153

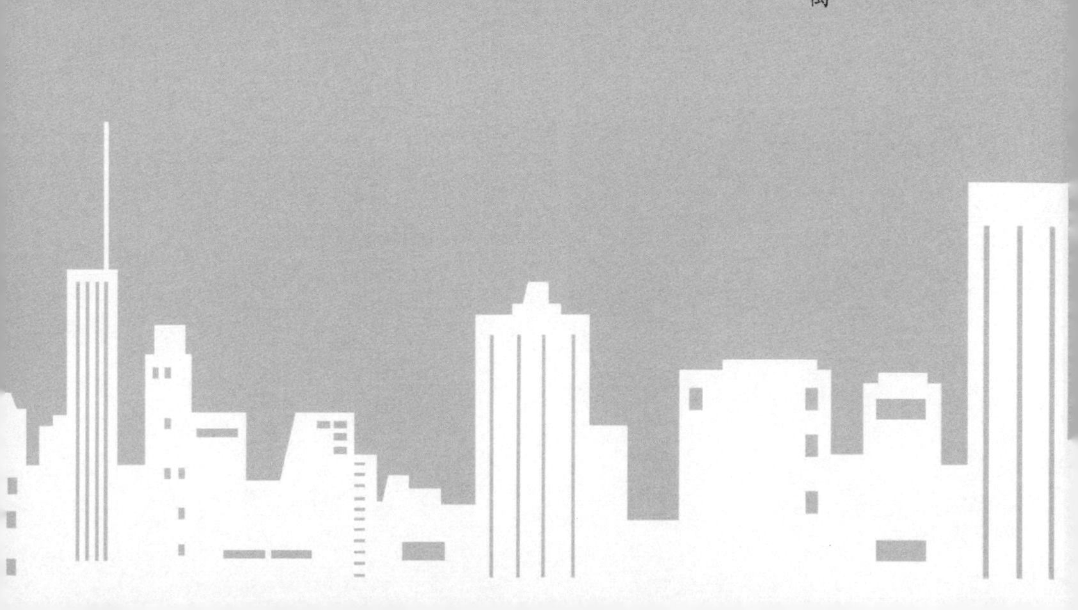

05.

體貼，才能打開別人的心扉

汽車大王亨利．福特說：「世間如果有邁向成功的捷徑，那就是進入別人的心中，以別人的立場來看問題！」

溝通，要有點創意 158

體貼，才能打開別人的心扉 162

你有「自私」的本錢嗎？ 166

讚美，是最有效的溝通 170

責備，是最愚蠢的行為 173

多稱讚幾次，連豬都會爬樹 176

自曝缺點，可以鬆弛對方的心防 179

想辦法活用自己的缺點 182

滿足別人就是滿足自己 185

06.

別再認為自己是「豬頭」

「只有懶惰、不負責任、沒有理想、沒有志氣，才是人生真正的不幸」，從現在起，不要再認為自己是「豬頭」了。

何苦對自己的腦袋開槍？ 190
別再認為自己是「豬頭」 194
別用「放大鏡」看自己的缺陷 198
你也可以發揮神奇的念力 202
每個人都有選擇成功的自由 205
樂觀，會激發你的潛能 208
別讓想法決定你的性格 211
如何快樂改造自己的性格 215
你知道自己為什麼很懶惰嗎？ 218

07.

夢想破滅，才是希望的開始

當你在人生旅途嚐到失敗的苦果，千萬不要就此意志消沈，一蹶不振，應該更加警惕，勉勵自己樂觀豁達。因為，那些讓你跌倒的絆腳石，也可能變成你邁向成功的墊腳石。

你用什麼心態面對失敗？ 224

自己何必勉強自己 228

「半途而廢」是成功的必經過程 231

沒有慾望就沒有希望 234

慾望可以擊潰「無敵艦隊」 238

「慾望」左右人生的方向 242

盡情揮灑自己的「劍法」 246

試著去做自己討厭做的事 249

夢想破滅才是希望的開始 253

08. 誰說你和成功無緣

激勵大師戴爾．卡內基曾經說：「任何人都和成功有緣，只可惜，大多數的人都沒有積極為自己創造機會。」

看看你的舌頭還在不在？ 258

為何不給自己多一點機會？ 261

誰說你和成功無緣？ 264

你就是自己的「幸運之神」 267

勇敢挑戰你的自卑感 271

自卑感是成功的「墊腳石」 275

別陷入自卑的泥沼 278

越努力的人越有好運 281

不懂得靈活變通，就不可能成功 284

09.

你的夢想曾經打過折嗎？

每個人都希望爬到最高的地位，可是一旦發覺攀爬過程困難重重，就會將既定的目標降低——無法成為第一名，爭個第二名也不錯；甚至第三、第四、第五……也勉強可以接受。

征服拿破崙不能征服的地方 288
希望若棒，收穫如針 291
獲得最後勝利的關鍵 295
如何讓自己「每」夢成真 299
不要讓經驗變成愚蠢的別名 302
如何強化自己的戰鬥力 305
經驗，可以拓展你的人生版圖 308
聰明過頭，小心大禍臨頭 312
多行不義只會提前埋葬自己 315

10. 為何你不敢怪自己

失敗的人總是事過境遷之後怨天尤人，慨歎造物不公、命運播弄，將失敗的責任一股腦拋給上帝，怪東怪西，就是不怪自己。

糞便也能變成黃金 320
如何劈開人生的「癥節」？ 324
別和「麻煩」捉迷藏 328
如何將「不可能」從字典中刪除 331
恐懼，是走向失敗的路標 334
改變習慣就能改變人生 337
為何你不敢怪自己 340
如何獲得自己想要的東西？ 343
誰說指南針一定要指向南方？ 347

11. 不適時落跑，就會露出馬腳

混水摸魚雖可一時蒙蔽別人，但若無真才實學，終究會露出馬腳，因此做人要有自知之明，知道什麼時候可以打混，什麼就該「落跑」。

寄望外來的和尚，後果通常不堪設想 352
不適時落跑，就會露出馬腳 355
千萬別相信小人會改過自新 358
不想當壞人，就不要和壞人混在一塊 361
要赴鴻門宴，必須有脫身的盤算 364
懂得廣結善緣，才會左右逢源 368
你就是孩子的模仿對象 371
逞強，只會落得悲慘下場 374
禮物越豐富，越容易獲得別人幫助 378
用溫情攻勢讓對方讓步 381

01

士氣，會改變你的運氣

有了士氣，就會有運氣。

士氣高昂，不僅能將十分的實力發揮得淋漓盡致，

有時更可能會有十二分、十三分……的超強演出。

奸詐，才是成功的心法

道德，是道德者的座右銘，卑鄙，是卑鄙者的通行證。想要敲開成功大門，首先必須拋棄那些欺騙自己的想法，讓自己奸詐一點！

孟德斯鳩曾說：「我一直認為，一個人想要獲得成功，就必須表面上忠厚老實，實際上耍奸弄詐。」

因爲，在這個爾虞我詐的社會裡，人的本性本來就是狡猾虛僞、欺詐殘忍、言行不一，如果你不想受傷害，至少必須具備「有點奸詐」的心機，如此一來才能避開各種陷阱和危機，進一步開創自己成功的契機。

春秋時代，宋國的國君宋襄公想效法齊桓公爭霸天下，於是便藉故率兵攻打鄭國，鄭國慌忙之中向楚國求救，楚國隨即派出大軍前去馳援，與宋國軍隊在泓水之濱遭遇。

宋國大司馬公孫固見楚軍陣容浩大，便勸宋襄公說：「楚國是兵多將廣的強國，不是我們招惹得起，不如派人前去議和，謀個全身而退。」

宋襄公聽了十分不悅，說道：「楚國雖然兵多將廣，但仁義不足；我們宋國雖然兵力稍差，但仁義有餘。你要知道，仁義之師是戰無不勝的，何必滅自己的志氣，助敵人威風？」

公孫固碰了一鼻子灰，便不再多說。這時，楚軍已開始渡越泓水，向宋軍殺來，另一名大將司馬子魚見到楚國的軍隊一半剛渡過泓水，一半還在水中，便勸宋襄公立即發動攻擊，讓楚軍措手不及。

豈知，宋襄公卻答說：「去！我們可是仁義之師，仁義之師怎麼可以做這種趁人之危的事？」

等到楚軍全部渡河後，司馬子魚又勸宋襄公說：「趁著楚軍還來不及佈陣，我們趕快進攻，如此還有獲勝的可能！」

誰知，宋襄公又搬出「仁義之師」那套大道理，按兵不動。

楚軍佈陣完成後，隨即以排山倒海之勢向宋軍發動總攻擊，殺得宋軍丟盔棄甲，宋襄公本人也中箭，倉皇逃命回宋國，最後因傷勢過重，不治死亡。

他的王圖霸業夢想，轉眼淪爲一場笑話。

許多人在人生旅程遭遇失敗、挫折，並不是因爲他們的能力不足，或是時運不濟，而是因爲他們像宋襄公一樣自命爲「仁義之師」，被世俗的行爲規範、思考模式束縛，失去了自我的想法，以致於聽不進別人的建議，看不出成功的契機。

像宋襄公這樣不知進退的人，往往只會自我欺騙、自我安慰，沈迷於自以爲是的夢想之中，即使走到人生轉捩點的時候，也不知如何選擇正確的方向，最後變成任人宰割的歧路亡羊。

你可能比自己想像中優秀，也可能比自己想像中差勁。想要敲開成功大門，首先必須拋棄過去那些一再欺騙自己的想法，戰勝人性的弱點！

張開眼睛，用敏銳的眼光，重新觀察周遭的人事物，捨棄傳統的思考模式，從各種不同角度衡量人生，不要再受制於世俗的價值觀念和行爲標準，讓自己的心靈暢通自在。

當你拋開那些束縛，你的生命花園四季都會有繁花盛開，你的人生道路都會變得分外寬闊開朗，當你站上人生的轉捩點，便可以清楚而堅定地走向自己的目標；千萬不要被世俗的一切「守則」羈絆，不要被虛幻的「教條」蒙蔽，不要再隨波逐流庸庸碌碌渡過一生。

戰勝人性的弱點

法國思想家伏爾泰在《哲學辭典》裡說：「人不能始終具有虛假的思想，也不會始終只具有真實的愛；不能始終溫柔，也不能始終殘忍。」

只有咬緊牙關，才能渡過難關

在敵人面前不要示弱，哪怕你已經力竭倒地了，也要想盡辦法挺身而立。千萬不要認為自己能感化敵人。

被公認爲英雄、豪傑的人物，面對危機的行事態度，都有超越常人之處，因此也往往能開創峰迴路轉的新格局。

劉邦和項羽爭霸天下，有一回漢楚兩軍正面遭遇，劉邦在陣前大聲數落項羽的十大罪狀。

項羽氣怒萬分，命令士兵放冷箭射殺劉邦，瞬間箭雨狂飛，其中一枝箭不偏不倚射中劉邦的胸口，痛得他墜馬仆倒在地。

漢軍見主帥劉邦中箭伏在地上，頓時軍心渙散，士氣全失，眼見就要被楚軍徹底消滅。

這時，劉邦強忍著胸口的劇痛，趕緊爬起來，彎著腰遮住胸前的箭梢和血注，用手摀著腳掌，故作無礙地大聲喊道：「碰巧被你們這些雜碎射中了，幸好射在腳趾頭，沒什麼大不了！」

漢軍一聽主帥傷勢沒有大礙，罵人仍然中氣十足，立即恢復信心和戰鬥意志，終於抵擋了楚軍的猛烈攻勢。

事實上，劉邦這次的傷勢十分嚴重，性命垂危，但是，如果他不咬緊牙關硬撐，恐怕就得立即橫屍沙場了。

每逢生死一瞬的關鍵時刻，劉邦總是靠著這種無比堅韌的毅力渡過難關，最後終於擊倒項羽，建立大漢王朝。

作家昂．瑪阿里曾經說：「在敵人面前不要示弱，哪怕你已經力竭倒地了，也要想盡辦法挺身而立。千萬不要認為自己能感化敵人。」

茫茫大海遍藏著狂潮、惡流、險灘、暗礁，在一望無垠的大海航行，有時風和日麗，一帆風順，有時狂風驟雨，濁浪滔天，危在旦夕。

決心乘船出海，必須先瞭解危險區域在哪裡，掌握自己船隻的情況，以及天候、風向變化，然後，秉持著無比堅毅的勇氣，克服一切險阻，才能到達目的地。

人生旅程也約莫如此，有時康莊大道，有時荊棘遍佈，遇到危急情況的時候，應該像劉邦一樣咬緊牙關全力以赴，克服層出不窮的困難，才能獲得最後的成功。

戰勝人性的弱點

莎士比亞在《亨利六世》中說：「只有鼓起勇氣才是辦法！凡是無法逃避的事情，如果光害怕、著急，那只能算是幼稚、軟弱！」

勇氣，讓你戰勝強敵

不能下定決心出海的人，必然無法越過驚濤駭浪。如果你已經設定了人生的目標，就應該以高昂的鬥志奮發向前。

一八九九年，南非爆發了波爾戰爭，當時邱吉爾以戰地記者的身分前往南非採訪，卻不幸與一隊英國士兵同時被波爾軍俘擄入獄。

邱吉爾非常生氣，認爲自己是戰地記者，不應該受到這種待遇，於是從獄中寫信向南非的史沫賓元帥求救。

史沫賓元帥接信之後，便循正常程序要營救他出獄，誰知道，法律手續還沒完成，邱吉爾已經越獄逃跑了，遭到波爾軍全面通緝。

多年後，在一次國際宴會上，已經貴爲英國首相的邱吉爾遇見史沫賓，談起這段往事時，對史沫賓說：「假如你當時辦事的效率沒那麼慢，我可能會損失九千英鎊。」

史沫賓大惑不解，邱吉爾告訴他：「我冒著生命危險逃回英國後，寫了一篇逃獄記，賣了九千英鎊。」

事實上，這篇逃獄記刊登之後，不但使邱吉爾躍爲英國的國家英雄，也使他年僅廿六歲就當選國會議員。

成吉思汗以一個小汗國之主，先後滅了金國和南宋，繼而締造了橫跨歐亞的蒙古帝國；努爾哈赤憑著祖先遺留的十三副盔甲統一女眞族，奠立滿清併吞中國的基礎，憑靠的都是旺盛、令人不寒而慄的勇氣。

面臨敵眾我寡的情形時，只有抱著必死的決心，才能戰勝強敵。若是見到敵軍軍容壯大就未戰先寒，必定難逃失敗的厄運。

戰爭和運動比賽如此，現實的人生又何嘗不是這樣呢？

遭遇重大障礙的時候，只有憑著堅毅不撓的勇氣，才能克服眼前的難關，繼續往前邁進。

勇氣，可說是人生成敗的一大關鍵。

有許多人非常有才幹，卻無法充分發揮自己的能量，以致在競爭激烈的社會中慘遭淘汰、失敗，最主要的原因，就在於本身缺乏旺盛的勇氣，以及必勝的覺悟。

如果你已經設定了人生的目標，就應該以高昂的鬥志奮發向前，朝著終極目標努力邁進，千萬不要再懷疑：「我是否適合這麼做？」或「我能夠做好嗎？」

西班牙大作家塞萬提斯在《唐·吉訶德》裡說：「勇敢的人開鑿自己的命運之路，每一個人都是自己命運的開拓者。」

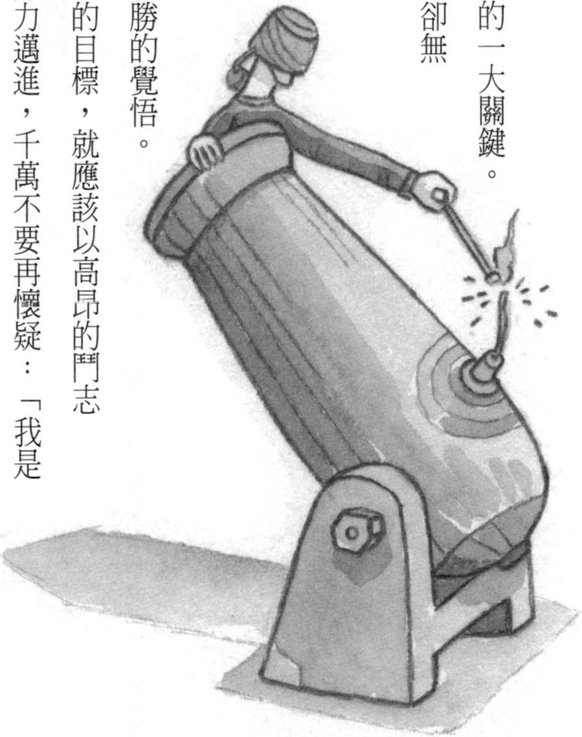

在苦海人生漂泊的你，也應該下定決心，以昂揚的士氣主動出擊，跨出邁向成功的第一步。

戰勝人性的弱點

英國作家富勒說：「如果你太幸運，你就不會認識自己；如果你太不走運，那就誰也不會認識你。」

你確定自己「盡力」了嗎？

所謂的「盡力」，是盡到了哪種程度的力呢？是不是連吃飯、走路也使不出力氣了呢？如果不是，怎麼能說自己已經盡力了呢？

某位著名的法學家有一次在大學授課時提到：「當你爲一個案子辯護的時候必須盡心盡力，如果你掌握了有利的人證物證，就緊抓著事實去攻擊對方；如果你掌握了有利的條文，就用法律攻擊對方。」

這時，一個學生突然發問：「如果既沒有有利的事實，也沒有有利的法律條文，應該怎麼辦？」

這位法學家說：「即使碰到這種最糟糕的情況，你還是要理直氣壯，儘量用力拍桌子。」

「實在是因爲實力不如對方才會失敗。雖然輸了，可是我們也已經盡力了。」我們經常可以聽到失敗的人這麼自圓其說，然而，這只是一個不負責任的藉口而已。

所謂的「盡力」，是盡到了哪種程度的力呢？是不是「盡力」之後，就連吃飯、走路也使不出力氣了呢？

如果不是如此，怎麼能說自己已經盡力了呢？

所謂的「盡力」，是否意味著你已經絞盡腦汁、用盡才華，發揮了所有潛能，動用了所有可以利用的人力、物力……？

如果不是，怎麼能說自己盡力了呢？

不論對手是誰，不論有什麼理由，人生的意義就是拼命爭取勝利。

或許，有人認爲這未

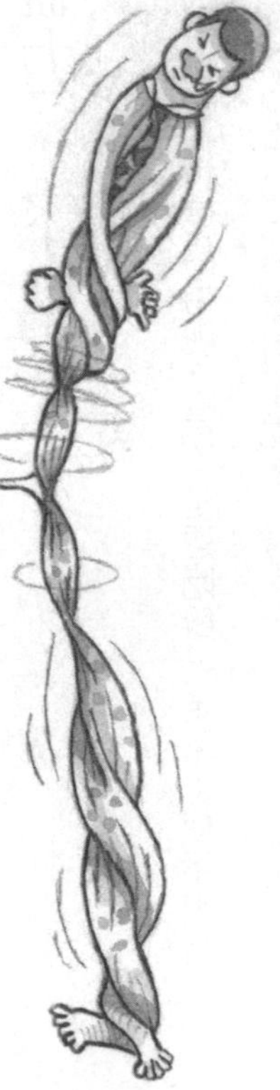

免太冷酷無情，但，這正是成王敗寇的人類世界最眞實的一面；競爭激烈的現代社會就是這般殘酷！

人生應該以勝利作爲最終目的，對於勝利必須有強烈的渴望。

德國大音樂家貝多芬說：「在困厄顛沛的時候能堅定不移，這就是一個真正令人欽佩的人的不凡之處。」

遭遇緊要關頭，絕對不可以鬆懈，必須想盡辦法、拼盡全力衝破難關。一旦你穿過了這道瓶頸，前程就會豁然開朗，進入另一個光明燦爛、無比順暢的人生階段。

戰勝人性的弱點

英國作家蒲柏：「誰以為命運女神不會改變主意，誰就會被世人恥笑。」

信念，會讓情勢轉變

雙方形成拉鋸，勝負難分的時候，如果你在最緊要的關頭軟化、妥協了，就註定要嚐到失敗的滋味。

三菱公司創始人岩崎彌太郎處理危機的能力，值得後人學習。

明治初年，岩崎彌太郎擔任土佐藩行政長官，同時，也經營著往來東京、神戶與大阪之間的海路運輸。後來，明治天皇立憲維新，下令廢藩設縣，三井公司也在維新政府扶持下，創立了「郵電蒸汽船公司」，和岩崎彌太郎的海路運輸展開激烈的競爭。

三井是一家官民聯營的公司，挾著龐大的政經勢力來勢洶洶，頗令岩崎的三菱公司招架不住。

三井公司背後有政府雄厚的財力作後盾，爲了招徠顧客，有恃無恐地不斷降低旅運費，最後，甚至不計血本免費載運乘客。這種做法，無非想把三菱徹底消滅，使岩崎永遠無法再與三井對抗。

當時，海運業的利潤原本就不高，在對手存心惡性競爭的情況下，更加無利可圖。

可是，面對生死存亡的激烈鬥爭，岩崎彌太郎卻咬緊牙關接受挑戰。

他認爲，海運終究是國家不可缺少的一環，極具光明遠景，因此，儘管三菱面對三井的猛烈攻擊，已經瀕臨崩潰階段，他仍然奮戰不懈，竭精殫慮地尋找破解之道。

三井公司是一個半官半民的組合，在辦事、服務態度上，不免流露出官僚習氣。岩崎看準對方這一環缺點，嚴格要求員工厲行「乘客至上」的營業信條，加強服務品質。

他將全副精神放在經營事業上，終於使自己安然渡過難關，同時，更樹立了他在海運界屹立不搖的地位。

岩崎彌太郎率領三菱擊敗三井的故事告訴我們，征服命運的，常常是那些擁有堅定信念，不甘等待機遇恩賜的人。

美國著名的牧師烈特．羅勃林說：「信念可以使人變強，懷疑會麻痺人的活力，所以，人的信念就是力量。」

雙方形成拉鋸戰，勝負難分的時候，如果你在最緊要的關頭喪失贏的信念，軟化、妥協了，就註定要嚐到失敗的滋味。

在競爭萬分激烈的現代社會，不論從事什麼行業，「堅定信念」都是一個顛撲不破的勝利方程式，不管敵人多麼頑強，每個人都必須具備求勝的精神，才能在自己專精的領域出類拔萃。

戰勝人性的弱點

英國詩人布萊克：「只要你能把機會抓牢，就不用擦拭悔恨的眼淚；然而，一旦你坐失良機，就永遠也擦不完那傷心的眼淚。」

如何在緊要關頭擊敗對手

人要有積極求勝的精神，無論是個人與個人的決鬥，或是國與國的戰爭，都要以爭取勝利作為第一目標。

織田信長在本能寺遭明智光秀弒殺之時，豐臣秀吉正率領著部下水攻高松城，並與前來救援的三萬名毛利軍周旋。

他一聽到主公遇刺的噩耗，不禁跌坐在地上搥胸痛哭。因爲他深知，一向寵信自己的織田信長一死，他的前程也岌岌可危。另外，一旦毛利軍獲知織田信長的死訊，士氣必然大振，立即會轉守爲攻；此時即使撤退，也會遭到毛利軍和其他諸侯包抄夾擊。

此時，豐臣秀吉處於進退兩難的險惡困境，行事稍有不慎，便會招致全軍覆沒的命運。

對他來說，當時無異是生死一瞬的緊要關頭，他必須盡全力克服，不能有半點疏忽。

爲了不讓毛利軍知道織田信長的死訊，他在水旱兩路遍設關卡，嚴防密探傳遞訊息。

另一方面，他也積極與毛利軍斡旋，免得敵人心生疑竇。

最後，他故意表現得寬大，向毛利軍表示只要高松城主切腹自殺，他就立刻撤兵，不再追究。

毛利軍同意這個條件，雙方訂定和約之後，豐臣秀吉隨即像旋風一般演出「中國大撤退」，兩天之後，他就回到姬路城整編隊伍。

距離撤軍僅一週，他便與明智光秀在山崎展開大戰；只不過一天一夜的時間，他就將叛軍全部殲滅，替織田信長報了大仇。之後，他又周旋在各路諸侯之間，與他們訂定協約。

在驚濤駭浪之中，豐臣秀吉不眠不休努力，殫精竭慮應變終於闖過險關。

美國女作家哈蜜爾曾經鼓勵我們說：「進退維谷、四面楚歌之際，常常使人感到心灰意冷，片刻也無法支持，但是千萬別放手，因為情勢的轉變，往往是從此時開始。」

宮本武藏在《五輪書》中則寫道：「我認為武士和一般百姓最大的不同，就在於積極求勝的精神。無論是個人與個人的決鬥，或是國與國的戰爭，都要以爭取勝利作為第一目標。」

宮本武藏這段話強調，武士應該更深入地培養自己積極求勝的心理。

人生又何嘗不是如此呢？

人人都是自己命運的設計師和建築師，唯有充滿勇氣主宰命運的人，才會是成功的英雄。

不要猶豫、畏懼，不管等待著你的是什麼樣的命運，都要勇敢地迎向它，充滿求勝的精神向前邁進。

戰勝人性的弱點

作家威廉．亞歷山大在《曙光女神》裡說：「儘管我與命運之光相距遙遠，但我也許會登上命運最高的極頂。」

士氣，會改變你的運氣

有了士氣，就會有運氣。士氣高昂，不僅能將十分的實力發揮得淋漓盡致，有時更可能會有十二分、十三分……的超強演出。

德川家康六歲就被帶到駿府當人質。剛到駿府不久，適逢安倍河畔舉行一場擲石大戰，一位侍衛便背著他前去觀看。

擲石大戰是駿府當地小孩的戰爭遊戲，以安倍河爲界分爲兩隊，互相扔擲石頭。當時，河的一邊有兩百多人，另一邊只有一百人左右，雙方的石塊如雨點一般飛來飛去。

所有觀戰的人都認爲，這是一場實力懸殊的比賽，百人隊最後必定會失敗。可是，擠在人群中的德川家康卻不以爲然，指著河對岸說：「人少的那隊會贏。」

背他的侍衛笑著說：「少爺，你真愛說笑，這邊的人數是對面的兩倍多，怎麼可能會輸呢？」

德川家康搖著頭，堅決地說：「不，這邊一定會輸。」

德川家康預測得一點都沒錯，原先形勢不利的百人隊，忍受著石塊襲擊，加快動作拼命反攻。不久之後，人多的一隊見對方愈戰愈勇、瘋狂回擊，士氣逐漸渙散，又見到己方不少人被石塊砸得頭破血流，更加心慌意亂，開始有人開溜，到最後終於一哄而散。

事後，侍衛覺得非常奇怪，便問德川家康：「少爺，你怎麼能預先知道這場擲石大戰的結果呢？」

德川家康回答道：「我是從士氣的強弱來判斷的。人多的一方自以爲人數超出對方一倍多，可以輕輕鬆鬆獲勝，心理就鬆懈下來。人數較少的一隊則有如背水一戰，必須在死地求生存。因此，心理防衛非常嚴密，扔石塊的節奏也相當快。其實，一場戰爭的勝利與否，主要的因素不在於人數多寡，而在士氣高低。」

侍衛聽了他的分析，不禁讚佩他智慧過人。

《孫子兵法》說：「激水之疾，至於漂石者，勢也。」

孫子強調，激流會將巨大的岩石沖走，是因爲水勢太強的緣故；相同的，充滿了旺盛士氣的軍隊，也能夠像激流一樣，瞬間將攻擊力完全爆發出來，徹底將敵人消滅。因此，勝負的關鍵在於士氣，而不在於軍隊人數多寡。當軍隊士氣如虹，攻擊敵人的力量就會如猛烈洪水，再強悍的敵人也難以抵擋。

孫子認爲，能夠激發軍隊士氣的將領，才稱得上出色的將領。

士氣的確非常重要；有了士氣，就會有運氣。

缺乏士氣的軍隊，即使有十分實力，也只能發揮五分。相反的，如果士氣高昂，不僅能將十分的實力發揮得淋漓盡致，有時更可能會有十二分、十三分……的超強演出。

去吧！像個充滿戰鬥意志的士兵，在人生戰場上勇敢面對種種困苦與艱難，充分展現你的士氣和必勝的決心吧！

戰勝人性的弱點

幽默作家蕭伯納：「一個如果不到最高峰，他就沒有片刻的安寧，他也不會感到生命的恬靜的光榮。」

你有「破釜沈舟」的勇氣嗎？

將自己的退路截斷，就會激勵出高昂的士氣。項羽率江東勁旅渡越長江之後，下令「破釜沈舟」，就是運用這個原理。

織田信長率軍攻打近江城時，命令麾下頭號勇將柴田勝家率八百名士兵固守長光寺城。當時，攻打長光寺城的敵軍有八千人，雙方戰力十分懸殊，柴田勝家只得下令緊閉城門，等待織田信長回師救援。

敵軍見柴田勝家不肯出城迎戰，便將長光寺城重重包圍，並截斷水源。城中百姓陷入恐慌之中，不僅沒有水洗臉、煮飯，就連飲水也限制供應，士兵們也個個精神萎靡，士氣不振。

柴田勝家心想，再這樣下去，恐怕撐不到織田信長援軍回防，長光寺城就已淪陷。於是，他痛下決心，要與敵人決一死戰。

某天黃昏，柴田勝家集合了所有士兵，並且命人抬來三大缸水，下令每個人都大喝一口。等到大家都喝過水之後，他突然奮力敲破水缸，讓剩下的水流滲到地面。

接著，他慷慨激昂地訓勉士兵：「我們繼續困在城中等待援軍，遲早會缺水而渴死。我們出城作戰，面對十倍於我軍的強敵，也可能會被殲滅而身亡。既然前進是死，龜縮也是死，那麼，我們何不出城決一死戰，死得轟轟烈烈？」

兵士們激動得大聲吶喊，原本乾渴衰弱的身體，剎那間湧出充沛的決戰士氣。柴田勝家一聲令下，八百名士兵爭先恐後出城殺敵。

這種瘋狂的自殺式打法，使得原本團團圍住長光寺城的敵軍心生畏懼，紛紛閃躲走避，最後潰不成軍。

柴田勝家以八百士兵擊垮八千敵軍，事後贏得了「破缸將軍」的稱號。

春秋時代，曹劌論戰曾說過「一鼓作氣，再而衰，三而竭」的至理名言；意思是說，戰爭的時候，如果不能發揮旺盛士氣一舉將敵人擊潰，己方的士氣便會逐漸衰竭，導致形勢逆轉而遭到失敗的命運。

那麼，要如何才能激勵士氣呢？

《孫子兵法》說，激勵士氣的方法是：「投之亡地而後存，陷之死地而後生。夫眾陷於害，然後能為勝敗。」

意思是說，率軍深入敵陣之中，置之死地，讓兵士們退無可退，逃無可逃。在這種情形之下，除了拼命殺敵，再也沒有其他的方法可以脫困，如此一來，士兵們就會爲了求生而奮勇殺敵。

的確，置之死地而後生，下定決心將自己的退路截斷，就會激勵出高昂的士氣。譬如，項羽率江東勁旅渡越長江之後，下令「破釜沈舟」，就是運用這個原理。

德川家康麾下的三河軍團每每發揮高昂的士氣和戰鬥力，也是由於他們經常被迫擔任先鋒部隊，在退無可退的情況下，爲了保住自己的生命，不得不奮勇殺敵。

戰勝人性的弱點

歌德在《格言和感想集》裡說：「只有具備真才實學，既了解自己的力量，又善於適當而謹慎地使用自己力量的人，才能在世俗事物中獲得成功。」

衝過人生的轉捩點

如果站在人生的轉捩點上，你的心境焦躁不安、忐忑反覆，即使轉敗為勝的契機到來，你也無法發覺，無法善加把握。

C先生曾經是泡沫經濟時代崛起一位企業鉅子，不惑之年就成爲人人欣羨的億萬富翁，過著窮極奢華的生活。

在經濟快速起飛、金錢遊戲盛行的年代，他抓住每一個有利可圖的商機蠶食鯨吞，事業如旭日東升般蓬勃發展。

但是，當他雄心萬丈向海外地區擴展業務的時候，公司營運節拍開始混亂，各地職員之間爆發生了許多利益糾紛，高層幹部捲款潛逃，公司董事爭權奪利、勾心鬥角，公司信譽一落千丈，發生財務危機。

在這種緊要關頭，他應該沈著忍耐，放慢營運步調，努力回復正常。但是，他過於心浮氣躁，急於扳回頹勢，擬定了更龐大的投資計劃，在盲目冒進擴充之下，公司的財務危機如滾雪球一般遽增。

由於本身行事節奏已經紊亂，加上全球經濟不景氣衝擊，他所有的投資計劃全部失敗，成了一個暴起暴落的流星企業家。

前重量級拳王阿里曾說：「從事拳擊運動一定要有自己的節拍。」

另一位拳王李斯頓則不以爲然嗤笑：「我一定會以兩記右勾拳，狠狠打在阿里的節拍上。」

後來，兩人比賽結果，李斯頓倒了下去。他被阿里蛾飛蝶舞般的快速節拍，整得暈頭轉向，毫無招架餘地。

就像音樂、舞蹈一樣，任何事情都有節拍存在，只是平常我們很少注意。節拍也可以稱爲節奏或步調，處理事情，如果掌握了其中的節奏，便可以順利完成，反之，便會因爲步調錯亂而陷入困境。

以人的一生爲例，不管是榮華富貴、飛黃騰達，或是前途乖舛、落魄潦倒，都有一定的節拍存在。只要你能掌握自己每個階段的生活節奏，富貴之時便可以持盈保泰，落魄之際也可以鹹魚翻身。

一流的人物遭遇危急情勢，表現就顯得比平常人沈穩多了。陷入步調混亂之時，不論外界如何嘲笑奚落，他們都會盡其所能地掌控自己的行事節奏，力求反敗爲勝。

一個人陷入生活困局或工作低潮時，應該摒除一切雜念，重新調整自己的節奏，絕不要因此而自暴自棄或冒險躁進，將自己推向毀滅的絕境。

萬一你也在現實生活中陷入節奏混亂的困局，應該忍耐短暫的磨難與痛苦，調整自己的心態和步伐，等待轉機的來臨。

千萬不要焦慮急躁；愈焦慮急躁就會陷得愈深，愈不可自拔。切記，平心靜氣才是治療混亂的特效藥。

每個人的一生，都會遭遇無數次轉折，如果站在人生的轉捩點上，你的心境焦躁不安、忐忑反覆，即使轉敗爲勝的契機到來，你也無法發覺，無法善加把握。

戰勝人性的弱點

阿根廷作家斯托尼：「想要取得成功，就得順應潮流，切不可不知變通地逆流而動。」

如何掌握成功的節奏

節奏，在人生中佔有相當重要的地位。面對強勁的敵人或是棘手的事務，只要你能掌握彼此的節奏，便能獲得最後的勝利。

宮本武藏一生中與人決鬥過六十多次，從未被擊敗過，其中有幾次重要的決戰，都是利用節拍的奧妙獲得勝利。

宮本武藏二十一歲那年，到京都向吉岡清十郎挑戰。決鬥之前，他詳細調查了對方的習慣與性格。爲了擾亂對方的節拍，他故意遲到許久，使得清十郎在等待過程中情緒浮躁。

另外，吉岡清十郎使用眞刀，宮本武藏卻完全不把這次決鬥當一回事般，故意漫不經心地拖著木刀，輕鬆地走到他的面前。

這種怪異的舉動令吉岡清十郎百思不解，節拍爲之混亂。最後，宮本武藏當然獲得勝利。

後來，宮本武藏和佐佐木小次郎、東軍流的三宅軍兵衛交手時，也都利用各種方法，擾亂對方節拍而獲得勝利。

節奏，在人生中佔有相當重要的地位。面對強勁的敵人或是棘手的事務，只要你能洞悉，並且掌握彼此的節奏，便能獲得最後的勝利。

宮本武藏曾經說過：「與敵人作戰的時候，必須先洞悉敵人的節奏，然後，擾亂對方的節奏，最後再採取敵人意想不到的節奏對付他。」

儘量不要使自己的節拍與敵人一致，否則，就容易給對方可乘之機。

古時候，高明的捕鳥專家要捕捉棲停在枝頭的小鳥，總是遠遠就高舉帶網的竹桿讓鳥兒看見，然後以固定而緩慢的節奏左右搖晃，並且一步一步慢慢接近牠，最後，出其不意以迅速的動作將鳥兒捕捉。

其中的奧妙在於，鳥兒遠遠看見竹桿以固定的拍子左右晃動，心裡也會以相同的拍子回應。當牠驚覺竹桿的拍子突然變快了，準備振翅飛離時，已經來不及了。

同樣的，與敵人對陣之時，唯有採取與他截然不同的拍子應戰，才可以制敵獲勝。如果你的節奏與敵人相同，一旦敵人瞬間改變節奏，你就會慌張失措而落敗。

受到料想不到、突如其來的節拍攻擊，再沈著穩定的人，也不免會因爲感到吃驚而手忙腳亂。

擾亂對方的節奏再趁機加以攻擊，這種作戰方法普遍運用在職業運動比賽，尤其是棒球比賽更是屢見不鮮，常常可以看到落後的一方想盡辦法要擾亂對方投手或打擊者的節奏，甚至不惜故意挑起事端，製造混亂。

在這方面，一流人物的表現都極爲高明。知名的圍棋高手吳清源、林海峰挑戰強敵時，也慣常使用這種方式。

他們經常賽前調查對方的個性和習慣，在比賽中加以利用，譬如常常突然改變自己的下棋方式，或者利用長考來擾亂對方的下棋節奏，使對方陷於混亂，然後一舉將他擊垮。

以前日本相撲界名人「橫綱」貴乃花，爲了彌補體力不足的缺陷，特意在節奏方面費了相當多功夫。比賽一開始，他會儘量搶奪先機，以自己的節奏猛烈攻擊對手，絲毫不給對方喘息的時間。若是對方搶得攻擊的先機，他就盡力忍耐，伺機擾亂對方的節奏，然後再以自己的節奏攻擊他。

個人與團隊比賽如此，人生也不例外。一個人的人生節奏如果亂了，絕對無法贏得最後的勝利。

戰勝人性的弱點

拿破崙：「世上只有兩種力量，一種是劍，另一種是思想，而思想最終總是戰勝劍。」

02

偶爾做個「無賴」也不錯！

做荒唐事並不等於做壞事。
誠如拿破崙所言，
「偉大與可笑只有一步之差」，
行事荒唐不荒唐，全屬個人主觀的認定。

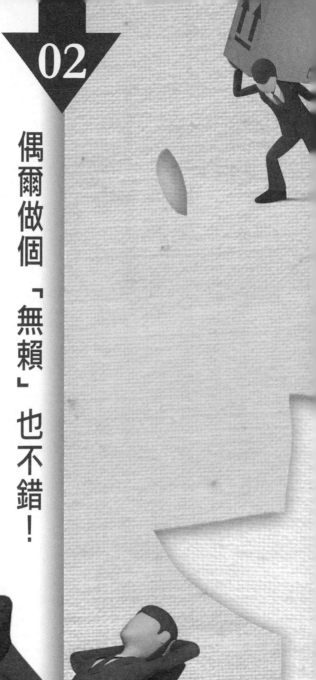

如何利用危機扭轉未來

英國首相邱吉爾曾說：「不能以武力征服的，靠著機智和謀略卻每每能出奇制勝。」

織田信長在本能寺遭明智光秀襲殺身亡的時候，豐臣秀吉正在高松城和毛利軍對峙。他一獲知消息，立刻演出「中國大撤退」，披星戴月、火速馳回姬路城整編部隊，隨即高舉討逆義旗，準備攻打明智光秀。

誓師出征前夕，他召集所有部將，宣佈第二天將與叛逆明智光秀進行殊死決戰。這時，一位隨軍卜筮、祈福的陰陽師面色凝重地對他說：「明日的征戰，還是避免比較好。因爲，根據卦象看來，如果您明天離開姬路城，恐怕再也無法回來了。」

周遭的部將聽到這番話大爲驚惶，不禁面面相覷，豐臣秀吉卻不爲所動，信心十足地說：「對，你說得一點都沒錯，我當然永遠不會再回姬路城。因爲，明天殲滅明智光秀之後，我將帶著大家浩浩蕩蕩進駐王城。明天這一戰，必定旗開得勝！」

英國首相邱吉爾曾說：「不能以武力征服的，靠著機智和謀略卻每每能出奇制勝。」

豐臣秀吉面對的不但是一場復仇戰爭，也是一場繼承織田信長霸業的爭奪戰，無論如何都必須爭取時間，搶在其他家臣之前出兵，才能取得主導權和優勢地位。

兵貴神速。明智光秀才能出眾，連織田信長都曾經稱讚他是「織田家

最出色的武將」，如果曠日廢時，讓他有充裕的時間遣兵佈陣，以逸待勞，那麼對豐臣秀吉的部隊來說，情勢就相當不利了。拖延越久，明智光秀的防禦工事就愈嚴密，倒戈倚附他的諸侯就越多，因此，必須趁他勢力尙未穩固之時，進行毀滅性的突襲。

此外，爲了不讓討逆功勞被其他將領搶走，豐臣秀吉也得爭奪首先起義的名銜。

當時，柴田勝家和德川家康是他最強的競爭對手。

柴田一族歷代都是織田家的重臣，勝家當時是最受倚重的大將，而德川家康則是織田信長的兒女親家，也是多年推心置腹的盟友。豐臣秀吉半途才投靠織田信長，和他們兩人的地位自然難以同日而語。爲了要壓倒柴田勝家、德川家康，豐臣秀吉勢必要打贏這場復仇戰爭。

這兩個原因使得豐臣秀吉不能因爲時日不吉而遲疑猶豫。

但是，在兵戰凶日出師，將士們心中難免籠罩失敗和恐懼的陰影，對士氣、戰力必定有相當多負面影響。

面對人生重大抉擇，豐臣秀吉對自己充滿信心，並且憑著機智反應，巧妙地將陰陽師的預言從負面轉化成正面，不但將陰霾的氣氛一掃而空，並且激勵出旺盛的士氣，終於將士用命，獲得關鍵性的勝利。

戰勝人性的弱點

發明大王愛迪生：「任何問題都有解決的辦法，無法可想的事是沒有的。可是，你果真弄到無法可想的地步，那也只能怨自己是笨蛋、懶漢。」

自信是穩定人心的一張王牌

自信是穩定人心的一張王牌，具有強大的征服力，要使部屬或者周遭的人信賴你，首先，你必須先信任自己。

凱撒大帝從小就是玩伴們的領袖，有一次，以他爲首的孩子，和另一群人數比他們多三倍的貴族子弟起了爭執。

凱撒的玩伴們都非常害怕，凱撒卻毫不在乎。他非常自信地告訴大家，孩子之間爭吵打架，和家世毫無關係，此外，只要有信心、有勇氣，就可以獲勝，不必在意對方的人數。

他激昂地說：「你們如果害怕，現在就可以離開，即使最後只剩下我一個人，我也不會畏懼退縮。」

這種充滿信心的態度，鼓舞了同伴，頓時，大家心中湧起了鬥志和勇氣，使盡全力攻擊對方。

那些養尊處優慣了的貴族子弟受不了猛烈攻擊，只得投降求饒，從此以後，奉凱撒爲首腦。

後來，凱撒在卡利亞戰役遭遇凶悍的日耳曼人，以及率軍渡過洛必康河時，都站在最前線，指揮、鼓舞將士們勇往直前。

他這種充滿信心的舉動，不僅激發了軍隊昂揚的士氣，獲得了勝利，也深受民衆敬佩擁戴。

羅馬名將漢尼拔曾經在世界戰爭史上締造過一頁輝煌的紀錄——率領大軍翻越阿爾卑斯山。

他獲得成功的原動力，就在於充滿信心、不屈不撓的態度。

當時，他所率領的是一支多國混合部隊，語言、文字上的溝通非常困難，皚皚厚雪覆蓋的羊腸山路溼滑險阻，部隊糧食不足，又得防範敵人從背後偷襲，種種因素使得兵士們疲乏不堪。

然而，即使在這麼艱苦的情況之下，漢尼拔的混合部隊也沒有人脫逃。

原因在於，兵士們對他深具信心。每當他們看見漢尼拔充滿自信、指揮若定的神態，心底就不禁湧出無限的勇氣，以及必勝的信念，追隨著他的步伐一路前進。

享譽全球的探險家兼航海家哥倫布，也經常表現出自信滿滿的言行，穩定水手們焦躁不安的心情。

無論多麼勇敢的水手，長年在茫茫大海航行、生活，信心難免會動搖。有時候，他們心中會興起抗命的念頭，打算將船掉頭返回家鄉。

可是，每當他們一看見哥倫布堅定沈著的態度，心情就很自然平靜下來，最後，終於發現了新大陸，開啓了另一個新時代的序幕。

充滿信心的人會將失敗挫折視爲大海中的小浪花，憑著智慧、信心，繼續勇往直前；缺乏自信心的人，則視微小波瀾爲滔天巨浪，永遠到達不了成功的彼岸。

自信，是穩定人心的一張王牌，具有強大的征服力。要使部屬或者周遭的人信賴你，首先，你必須先信任自己。

戰勝人性的弱點

美國作家愛默生說：「人的觀點哪怕發生最不起眼的變化，也會給整個世界帶來春意。」

永遠不會跳票的「信心支票」

日本知名企業家土光敏夫說：「原本只能獲得六十分的事情，倘使你堅定意志，充滿信心去做，很可能會產生八十分效果。」

石油大王洛克菲勒回憶說，他的石油公司還在起步階段，財務狀況捉襟見肘，常常有債主前來催討借款，每次，他都氣定神閒地拿出支票問債主：「請問你是要支票，還是要本公司的股票？」

由於他說話時神情篤定，不少債主選擇了股票。他充滿自信的態度，不但使得公司多次安然渡過財務危機，也將大部分債主轉化成股東，繼續投資他的事業，最後建立了龐大的石油王國。

當形勢對你不利的時候，千萬不要氣餒，相反的，應該充滿信心尋求解決之道，繼續支撐下去，不要輕言放棄。

美國電業鉅子凱特林某次發表演說時強調，一個人只要持續不斷努力，機會的大門終究會爲他而開。

凱特林是這麼說的：「只要你肯吃更多的苦，肯繼續奮鬥，不論想做什麼，都可以成功。你或許會遇到九百九十九次失敗，但只要再堅持一次，也許就能成功。」

堅定的信心，能使平凡人開創出驚人事業，正如日本知名企業家土光敏夫所說：「原本只能獲得六十分的事情，倘使你堅定意志，充滿信心去做，很可能會產生八十分

效果。」

人生不如意的事情十之八九，任何企業草創之初，都有一段慘淡經營的艱苦歲月，即使是被日本人推崇爲「經營之神」的松下幸之助，也曾遭遇過感染肺結核臥病在床，又付不出員工薪資的窘迫難關，更遑論其他奮力苦撐的中小企業了。

美國學者威廉．菲勒說：「激勵自己的秘訣，就在於不斷地告訴自己：即使是平庸的人，能擺平困難的也為數不少，自己難道不如別人嗎？」

洛克菲勒、松下幸之助能夠靠著信心撐過難關，締造出新格局，爲什麼你我不能呢？

戰勝人性的弱點

作家蒲柏說：「風度隨著財富而改變，幽默隨著風土而改變；信條隨著書本而改變，原則隨著時勢而改變。」

善用自己的「荒唐」經驗

做出荒唐事情，誠然可鄙、可笑、不名譽，不過，有時候卻會增加一個人的處世經驗，提高分辨是非的能力。

日本「第一棋士」升田幸三，小時候曾經跑到神社裡，對著神像小便。

當時，升田的家鄉盛傳：如果有人膽敢在神社門前的櫻花樹小便，就會遭到神明懲罰，生殖器官會潰爛。

爲了印證這個說法的眞實性，升田幸三偷偷跑到神社門口，對著櫻花樹灑了一泡尿。幾天之後，他發現生殖器並沒有異樣，膽量因而大增，又偷偷溜進神社大殿，對著神像灑尿。

升田的第二次行動，被一個村人發現，一氣之下，抓起細砂摩擦他的生殖器尖端，使得他疼痛難當，哭得呼天搶地。

「哇！眞痛得要命。生殖器被搓得又紅又腫，皮都破了，還流出血呢！我想，這大概是神明的懲罰吧！這一次經驗，使得我相信神明的確存在。奉勸諸位千萬不要褻瀆神明，否則只有百害無一利。」

升田幸三的行徑固然過分，可是，卻給了他極爲珍貴的教訓。

儒家講究中庸之道，強調「陰謀怪習、異能奇行，皆是涉世禍胎」。

然而，抱持這種拘謹保守的思想行事，不但無法深刻體驗五味雜陳的人生，往往也會戕害一個人的思考力、創造力。

蘇聯作家巴甫連柯曾經說：「任

何一個成功的後面，都有著豐富的生活經驗；要是沒有這些經驗，任何才思敏捷恐怕也不會有，而且恐怕任何天才也無濟於事。」

從積極的層面來說，經驗，尤其是荒唐的經驗，猶如人生中的一盞明燈，會使腦海中朦朧模糊的想法豁然開朗。

每個人在成長過程，或多或少都做過一些荒唐事，即使是那些被公認成就不凡的人也不例外。做出荒唐事情，從社會習俗、道德規範來看，誠然可鄙、可笑、不名譽，不過，有時候卻會增加一個人的處世經驗，提高分辨是非的能力。

戰勝人性的弱點

美國田園作家梭羅說：「今天人們交口稱道的真理，明天，也許會變成荒謬的錯誤。」

不要讓殯儀館的老闆替你遺憾

馬克吐溫鼓勵別人要努力生活、勇於嘗試，否則死去的時候，「連殯儀館的老闆也會替你感到遺憾」。

日本慶應大學的創辦人福澤諭吉，是一位出名的荒唐專家。

小時候，他曾經偷偷將神社裡的神像搬走，換上一塊木頭。村民不知道他惡作劇，仍然對「神明」頂禮膜拜，福澤則在一旁看得捧腹大笑。

他也曾經欺騙村裡一位年長的女孩子，佯稱要請她喝茶，卻拿了一杯尿給她。女孩子被捉弄得氣極了，拼命追打他。

跑著跑著，福澤不小心摔了一跤，跌得鼻青臉腫，女孩仍不放過他，一腳將他踹進路旁的糞池……

長大之後，福澤諭吉仍然做盡荒唐事，譬如假冒警察到戲院看霸王戲，一看到路邊有婚喪筵席，便毫不客氣坐下來大吃一頓……

成長過程中累積的荒唐經驗，讓福澤諭吉徹悟人生，最後成爲日本一代思想宗師。至今，他的肖像仍印在日本的紙鈔上頭，被奉爲「先知」。

舉世聞名的幽默作家馬克吐溫從小就討厭上學，喜歡溜到森林、河邊探險，頑皮得讓父母親感到相當頭痛。

馬克吐溫長大後依舊玩世不恭，做了許多異想天開的荒唐事，譬如投資沒辦法發電的蒸氣發電機、不會走的鐘錶……有一次聽說收購可可果可以發財致富，竟然眞的跑到亞馬遜河上游叢林去搜購可可果，結果花光了旅費，又染上熱病，差點死於非命。

馬克吐溫常說：「知道怎麼做的事，最容易削弱一個人的信心」，並且鼓勵別人要努力生活、勇於嘗試，否則死去的時候，「連殯儀館的老闆也會替你感到遺憾」。

有些事不親身體驗，是不會知道結果的，即使不幸失敗了，變成衆人眼中的笑話，對自己而言，也是一項相當寶貴的經驗。

澳洲科學家貝弗里奇說：「青年的敏感和獨創精神，一經與豐富的知識、經驗相結合，就能相得益彰。」

只要翻開歷史，看看那些傑出的成功人士，我們其實不難發現，他們幾乎都不理會別人的看法和批評，也因此才能按照自己的意志忠實地行動，敲開成功的大門。

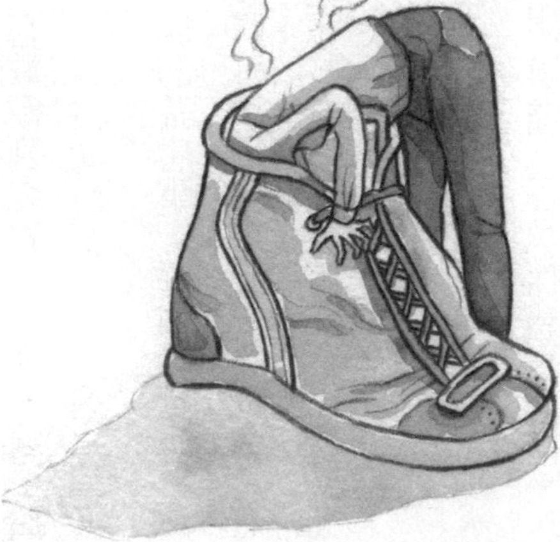

戰勝人性的弱點

美國作家朗費羅說：「不要認為不可挽回的過去，全都荒廢了，全都無益；如果從它的廢墟上崛起，我們最終能達到更美好的境地。」

跳出禮教的窠臼

人活在世上，並不一定要分享這個時代的價值。荒唐經驗讓織田信長建立起自己的價值觀，不管做什麼事都講求實用和效率。

織田信長堪稱是日本戰國時代的「荒唐之神」，平日言行根本不像將要繼承藩位的一代霸主，反倒像盜賊無賴。

他經年在外遊蕩，裝扮怪異，像極了美國電影中的西部紅番：頭上綁著一條紅繩，衣服只有一隻袖子，腰間邊藏了不少怪東西，刀子、打火石、繩子、飯糰、黃瓜……應有盡有。

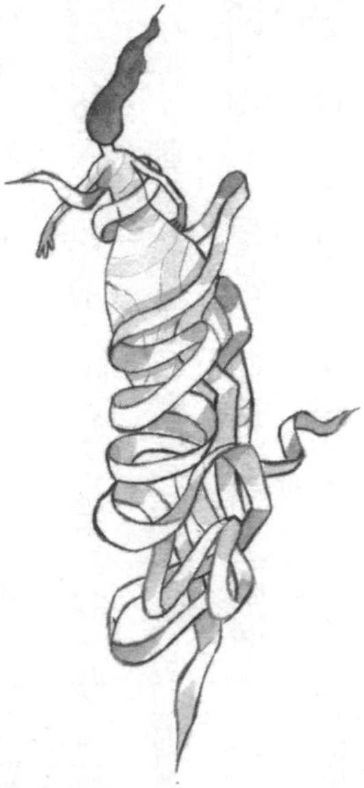

他終日游手好閑，不是在街頭搗亂、耍賴、惹是生非，就是騎著馬四處亂奔亂跑。雖然，家臣們竭力規勸，教導他進退應對應有的禮儀，但是言者諄諄，聽者藐藐，他照常妝扮怪異、隨地吐痰，任意大小便，動輒離家出走，甚至還故意寫情書給他父親的侍妾，使得織田一族為這個名聞遐邇的「尾張大傻瓜」傷透腦筋。

織田信長繼任藩主之後，仍然我行我素，即使在父親的喪禮上，也不曾稍加收斂，穿著一身奇裝異服出現，然後抓起香灰到處亂灑，令前來弔唁的賓客目瞪口呆。

人活在世上，並不一定要分享這個時代的價值。年輕時候的荒唐經驗，讓織田信長跳出禮教的窠臼，建立起自己的價值觀。他鄙視華而不實的形式主義，不管做什麼事都講求實用和效率。

他不理會傳統的道德觀念，揚棄世俗的繁文縟節，不但經常在不應該出現的場所出現，也不時做出令人難以逆料的荒唐事。

這種迥異於戰國群雄的思考、行為模式，成了他爭霸天下的一大利器。沒人猜得透他腦裡盤算什麼，也沒人能正確預測他下一步會做出什麼驚人舉動。

他在尾張八郡實施全新的領導模式，使得軍政革新，充滿朝氣，戰略精進，攻無不克。

他的經營能力，在當時列國諸侯中，無人能比擬。

他的父親織田信秀在世的時候，織田軍只擁有尾張八分之一的土地，兵力非常薄弱，根本無法和武田軍、上杉軍等精銳部隊相並論，更難以和其他大諸侯抗衡。

可是，織田信長接棒之後，織田軍卻在他帶頭衝鋒陷陣下創造奇蹟，以三千兵力殲滅了今川義元的四萬駿府大軍，一躍成爲戰國最精良、最勇猛的部隊，這當然必須歸功於織田信長那種超越時代的創造力。

戰勝人性的弱點

俄國文學評論家別林斯基說：「天才人物，不論在人類活動的何種領域出現，永遠是精神的創造力量的化身。」

偶爾做個「無賴」也不錯！

你可以決定自己的人生要走往何處，也可以讓自己越活越年輕。別人根本無法鑑定你存在的價值，也無法帶領你去你想去的地方。

享譽國際的西班牙名畫家畢卡索，是一個玩世不恭、行事極爲荒唐的人，常常做出一些讓人啼笑皆非的事。

畢卡索還沒成名之前，一度在街頭替人畫像維生，可是常常畫得和本人不像。面對顧客抗議，他一點也不以爲然，常常不耐煩地回答說：「沒關係，你會慢慢像這幅畫！」

畢卡索成名之後，仿冒畫作層出不窮，問題是，他常常忘了自己畫過什麼畫，也鑑定不出眞畫和假畫，因而鬧了不少笑話。

有一回，一個政界名流帶了一幅畫作請他鑑定，他一口咬定是假畫。

這位名流聽了，怒氣沖沖前去要求畫廊老闆退錢。

畫廊老闆聽了更生氣，連忙找畢卡索理論：「豈有此理！這幅畫明明就是你賣給我的！」

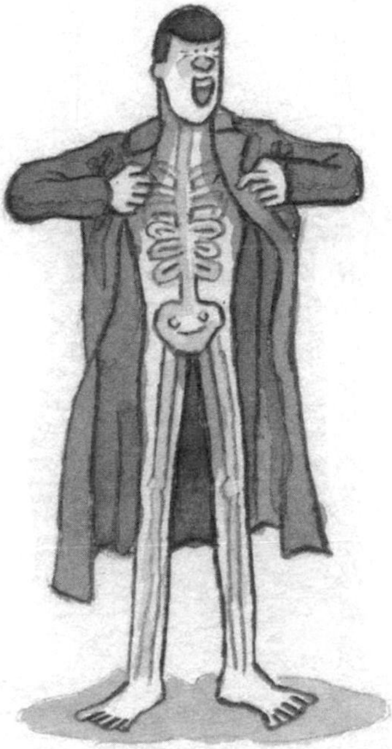

畢卡索理虧詞窮，但卻絲毫不肯承認錯誤，無賴地說：「你難道不知道，有時候，我自己也畫一些假畫！」

日本明治時代著名的大商人大倉喜八郎，年輕時候也做過不少讓人啼笑皆非的傻事。

他曾經為了知道必須用多少石頭、要花多少時間才能堵塞河流，每天朝河裡丟石頭。

有一天，他又突發奇想，認為既然從地球儀來看，日本的背後是美國，那麼理論上來說，只要一直往下挖，一定可以挖出一條「通往美國之路」，於是開始每天在後院拼命挖地道。

日本眾議院第一屆議長島田俊雄，沈迷於鑽讀《十八史略》，到了如癡如狂的地步，隨時隨地都在看這部書。

有一回，島田俊雄上廁所，書本不小心掉到糞坑裡。他割捨不了這本朝夕相伴的書，竟然把書撈了上來，一頁一頁洗乾淨，曬乾之後繼續讀；旁人都受不了這股臭氣，他卻根本不理會別人的反應，依舊看得津津有味。

富蘭克林七十歲的時候，某次演講時說：「我知道如果順著原路繼續前進，大概會走向墳墓。所以，我轉過身來回頭走。我已經這樣走了四年，你可以說我現在只有六十六歲。」

的確，你可以決定自己的人生要走往何處，也可以讓自己越活越年輕。

別人根本無法鑑定你存在的價值，也無法帶領你去你想去的地方。正因爲如此，每個人都應該建立自己的行動基準，爲自己的價值觀而活。

戰勝人性的弱點

莎士比亞說：「每個人的生命中都有一段歷史，觀察他以往的行為性質，便可以用近似的猜測，預測他往後的變化；那變化之芽雖然尚未顯露，卻已潛伏在它的胚胎之中。」

想成就大事，就要大膽嘗試

顧忌別人的眼光和批評，在意世俗的流言蜚語，終將使你無所適從。想要成就一番事業，必須有大膽嘗試的豪氣和勇氣。

本田公司（Honda）以研發、生產汽機車聞名全球，該公司創辦人本田宗一郎，則是以行事荒唐揚名國際。

本田宗一郎小時候不愛讀書，經常逃學、翹課，到處搗蛋取樂，閒得無聊的時候，就趴在馬路上聞汽機車駛過留下的汽油味，自得其樂。

有一回，本田宗一郎在外頭玩累了，肚子咕嚕咕嚕叫，想回教室吃便當，可是距離下課時間尚早，於是他心生一計，溜進學校鐘樓敲鐘報時。

學校老師不明就裡，匆匆宣佈下課休息之餘，心裡都覺得納悶：「這堂課時間似乎過得特別快！」後來才知道，原來是本田宗一郎搞的鬼。

長大之後，本田宗一郎依舊荒唐得可以。

他曾經騎著機車躍入河中，差一點就淹死，也曾將藝妓從二樓窗口推下，險些吃上人命官司。

結婚當天，他在宴席上喝了太多酒，竟醉得亂了性，將全身衣物褪去，光著身子跳起舞來，把賀客嚇得亂成一團。

即使後來闖出一片天，當上本田公司董事長，本田宗一郎仍然不改荒唐本色。

他對機械熱愛成癡，醉心於汽機車研發，把經營大權交給藤澤武夫，連公司的印章是圓是方，都搞不清楚；閒來無事之時，則穿著沾有油漬的工作服到處晃，經常被「有眼不識

泰山」的公司守衛訓斥。

有一回，他親自開車招待幾位台灣訪客到餐廳吃飯，可是，他將車子開到地下停車場後，就一直不見蹤影。

訪客們苦候多時，便到停車場一看究竟，發現他正和收費員喝酒喝得不亦樂乎，早就忘了自己的餐宴。

作家穆尼爾．納素夫說：「人生是錯綜複雜的，每個人在自己走過的人生之路上免不了犯錯，對過去錯誤的痛悔與沈思，對未來的嚮往和信心，是一個人從沈淪、迷津中獲得成就的重要因素。」

顧忌別人的異樣眼光和自以爲是的批評，在意世俗的流言蜚語，終將使你無所適從，一事無成。

想要成就一番事業，就必須有大膽嘗試的豪氣和勇氣；也許在成功之前，你會遭遇到許許多多的冷嘲熱諷，但是，只要你成功了，就不會有人說你是錯的，先前

中傷與批評也會像啤酒的泡沫一樣，片刻之後就消失無蹤，取而代之的將是讚美和恭維。

戰勝人性的弱點

英國詩人艾略特說：「流言像抽煙者從骯髒的煙斗裡噴出的煙霧。它能證明什麼呢？只不過是抽煙人的一股難聞的煙味。」

偉大與可笑只有一步之差

做荒唐事並不等於做壞事。誠如拿破崙所言，「偉大與可笑只有一步之差」，行事荒唐不荒唐，全屬個人主觀的認定。

越王勾踐被吳王夫差擊敗，淪爲亡國之君，意氣十分消沈頹靡。有一天，他乘車外出，見到路旁一隻癩蛤蟆發怒鼓起肚皮，連忙吩咐車伕停車，然後恭恭敬敬起身，朝著癩蛤蟆頓首一拜。

隨從們見到勾踐這種唐突荒誕的舉動，都認爲他大概受不了打擊，精神錯亂了，彼此面面相覷。

誰知，勾踐看了他們的訝異表情，生氣地說：「連癩蛤蟆這麼低賤醜陋的東西，都還有一肚子怒氣，我難道不應該向牠行禮致敬？」

癩蛤蟆給了勾踐莫大的啓示。

後來，勾踐也效法癩蛤蟆的精神，臥薪嚐膽，發憤圖強，經過十年秣馬厲兵，終於消滅了吳國。

做過荒唐事的人，是否都很愚蠢呢？

其實未必見得。

升田幸三後來成爲日本第一棋士，福澤諭吉是日本明治時代最偉大的思想家，織田信長睥睨戰國群雄，畢卡索是舉世聞名的大畫家，本田宗一郎建立了傲視全球的汽機車王國，誰敢說這些人愚蠢呢？

至於一生當中從來沒有做過荒唐事的人，是否都很賢明呢？恐怕也未必。

做荒唐事並不等於做壞事。誠如拿破崙所言，「偉大與可笑只有一步之差」，

行事荒唐不荒唐，全屬個人主觀的認定，況且，某些事情是否荒唐、可笑，其實必須做了以後才會瞭解。

愛爾蘭作家喬伊斯說：「我們要千萬次地與經驗的實在相遇，並在靈魂的火爐中，冶煉我們缺乏創造力的良心。」

荒唐爲創意之母。如果你也能從荒唐之中悟出某些道理，激發出某些創意，誰說荒唐事一定做不得？

戰勝人性的弱點

俄國作家皮薩列夫說：「用自己的智慧開拓的前程，永遠要比經由卑躬屈膝者鑽營拍馬鋪下的前程，更牢固、更廣闊得多。」

03

有時要用謊言包裝真相

英國首相邱吉爾曾經說過一句膾炙人口的名言：

「事情的真相十分寶貴，

所以需要大量的謊言加以包裝。」

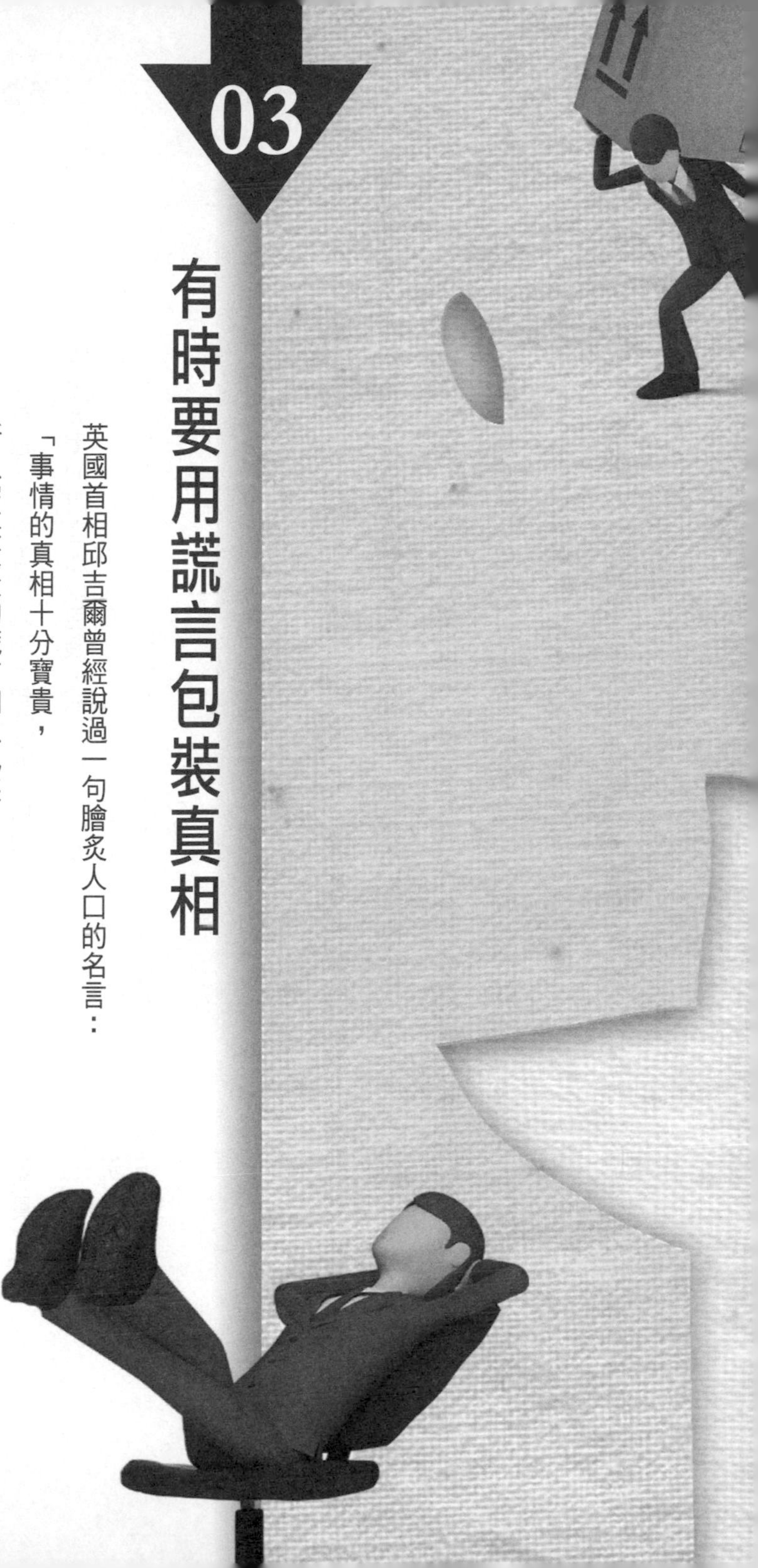

有時要用謊言包裝真相

英國首相邱吉爾曾經說過一句膾炙人口的名言：「事情的真相十分寶貴，所以需要大量的謊言加以包裝。」

《韓非子》和《史記》都曾記載一則齊桓公假公濟私的例子。

有一天，齊桓公和蔡姬在湖上泛舟。蔡姬興奮地在船舷動來動去，小船不住搖晃；齊桓公生性懼水，深怕小船翻覆，趕緊出聲制止。

蔡姬看見齊桓公一臉驚懼的表情，覺得很好玩，搖擺得更加激烈。

這種行爲讓齊桓公非常生氣，一怒之下將她趕回蔡國。原本，齊桓公只是想稍微懲戒她一下，打算過些日子，再將她接回齊國。

但是，蔡姬的哥哥蔡公卻認爲齊桓公這種處置失當，使自己臉上無光，憤而將蔡姬改嫁他國。

齊桓公聞訊怒火上沖，準備出兵討伐蔡國。

宰相管仲向他諫言：「千萬不要因爲本身的婚姻問題攻打別國。這種名不正、言不順的戰爭，對你未來稱霸諸侯將會產生不良影響。」

可是，齊桓公不肯善罷干休，管仲只好說：「若是主公一定要討伐蔡國，那麼應該先僞裝攻打楚國。楚國已經三年沒有按例向周天子進貢了，我們可以假借尊王攘夷的名義佯裝討伐楚國。蔡國與主公交惡，必定袖手旁觀，屆時，我們就可以宣稱：齊國替周天子出兵伐楚，但是，蔡國卻不出兵襄助，顯然存心包庇楚國，然後名正言順攻伐蔡國。這個方法不但可以公報私仇，還可以獲得實質利益。」

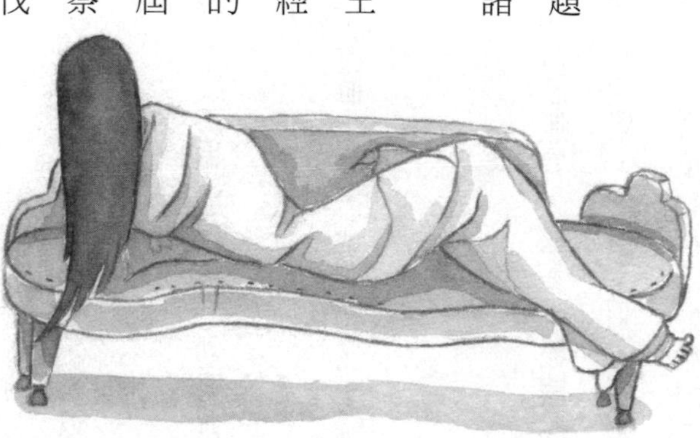

事情的演變正如管仲所料。西元前六五六年，齊桓公號召各國組成聯合部隊浩

浩蕩蕩討伐楚國，諸國部隊抵達漢水之濱，和楚國完成「召陵之會」後，隨即轉道伐蔡，擄走蔡公。

英國首相邱吉爾曾經說過一句膾炙人口的名言：「事情的真相十分寶貴，所以需要大量的謊言加以包裝。」

從齊桓公伐蔡的故事，我們可以瞭解，不論報復私怨，或是滿足私慾，動機愈卑劣，愈需要冠冕堂皇的名義加以掩飾。

在「尊王攘夷」的偉大口號下，齊桓公前後滅掉三十多個小國，會盟諸侯十餘次，完成了自己的霸業。

朱元璋爭霸天下，也是一個典型「假公濟私」的例子。

朱元璋加入紅軍革命行列，名爲抗暴起義，實際上和盜寇無異，靠著燒殺擄掠坐大勢力。在民族大義的旗號下，他接收了各路反王的革命成果，背叛了明教，襲殺了自己的主公小明王韓林兒，最後滅了元朝，順理成章登上帝位，施行極權統治，大肆誅殺功臣。

在民族革命史觀烘托下，朱元璋這個中國歷史上最血腥、最恐怖的綠林帝王，至今仍被奉爲漢民族偉大的革命英雄。

其實，歷代的帝王、霸主，行徑大都和朱元璋相去不遠。

凱撒大帝在這方面，也做得十分徹底，不論任何行爲，他都假借「國家」和「羅馬」的名義進行。

羽翼未豐的時候，爲了獲得擁護，他口口聲聲說要「尊重元老院的權威」、「承襲父祖的習慣」、「擁護羅馬共和體制」；等到權勢穩固之後，他又高喊「開創羅馬的光榮時代」，堂而皇之施行獨裁專制。

戰勝人性的弱點

費爾巴哈《幸福論》：「人與動物共同之點的那個東西，在人身上人性化了、高尚化了、精神化了，但可惜也常常變畸型了和惡化了。」

美麗的藉口是成功的要素

堂皇而美麗的說詞，是通往成功之路不可或缺的要素。愈自私的慾望和行為，愈需要美麗的藉口加以掩飾。

希特勒收攬人心的手段非常高明。他掌握政權之後，立刻成立全世界第一個政治宣傳部門，專門歌功頌德、粉飾太平，創造美麗而動聽的口號煽惑人心，從事假公濟私的勾當。

我們可以從納粹組織的名稱，一窺希特勒竊用堂皇名義的梗概。希特勒稱它爲「德意志人民社會勞動黨」，並且強調納粹的宗旨是服務日耳曼民族、服務德意志、照顧勞動者……因此，獲得廣大德國人民支持。

德國要併吞奧地利時，希特勒說：「奧地利自古便是德意志神聖不可分割的一部分，應該歸還給德國。同一血統的民族，應該居住在一起。」

他要入侵捷克的時候，對國內宣稱：「居住在捷克的日耳曼人，受到極不平等的待遇，如牛馬一般受人歧視，供人驅駛。爲了拯救苦難的族人，我們必須義無反顧出兵攻打捷克！」

這些話，不僅爲自己提供了侵略的藉口，更激起了全國同仇敵愾的狂熱。

他的手段誠然卑劣，但卻十分有效。

即使像張獻忠，李自成這樣的流寇，也懂得運用冠冕堂皇的口號招降納叛、收攬民心。張獻忠高喊「不當差，不納糧」的口號，所到之處「望風迎順」，席捲中

國半壁江山。

李自成的手法也相當高明，派部下四處教唱歌謠蠱惑人心，聲稱「殺牛羊，備酒漿，開了城門迎闖王，闖王來時不納糧」，一時之間，「往應者如流水，其勢燎原不可撲」，最後攻陷了北京城。

豐臣秀吉的表現更加露骨、更加肉麻，連吃飯都可以說成「爲了織田家的前途而吃」。織田信長去世之後，豐臣秀吉更把自己所做的每一件事，都冠上「爲了織田家的將來」、「爲了貫徹信長公未竟的遺志」。

但是，事實呢？豐臣秀吉「爲了織田家」而篡奪了織田家的霸業，殺了織田信長的長子信孝，又將次子信雄流放。

由前面所舉的幾個例子可以知道，堂皇而美麗的說詞，是通往成功之路不可或缺的要素。

愈自私的慾望和行爲，愈需要美麗的藉口加以掩飾，否則就會導致人心離叛，遭遇強硬的抵抗和責難。

美麗的藉口可說是緩和外來壓力最重要的武器。

以正確的態度，在不犯法的範圍內，藉著堂皇說詞的幫助，往往能夠獲得令人欣羨的成功。

不過，千萬要記住，不要借用冠冕堂皇的名義去作姦犯科、欺詐拐騙或誘人犯罪，否則，即使你能一時滿足自己的慾望，但最後仍不免落入法網，遭到法律嚴厲的懲罰。

戰勝人性的弱點

法蘭西斯・培根在《人生論》說：「天性好比種子，它既能長成香花，也可能長成毒草。人應當時時檢查，以培養前者而拔除後者。」

你知道怎麼「用人」嗎？

三國時代，東吳霸主孫權曾經強調，用人的哲學在於「貴其所長，忘其所短」，人與人相處也是同樣的道理。

戰國時代，各國養士風氣盛行，孟嘗君、平原君、信陵君、春申君四人更是箇中翹楚，門下食客上千，後人稱之爲「戰國四公子」。

信陵君門下食客當中，有一個男子經常哭喪著臉，讓其他人十分厭惡。曾經有家臣告訴信陵君：「那個男子終日愁眉苦臉，一副死了爹娘的模樣，讓他繼續留下，實在有辱公子威名，不如早點打發掉他吧！」

信陵君聽了，笑著回答：「你說得有理，但是，你不認爲他很適合擔任弔喪的角色嗎？」

平原君門下有一個食客更絕，竟然一天到晚在街頭巷尾誹謗、辱罵平原君，其他食客看不過去，紛紛請平原君將他逐出門外。

平原君不以爲意地說：「像他這樣每天在街頭巷尾罵我的人，都可以在我門下飽食終日，不正突顯我胸襟寬闊、不計間隙嗎？他的作法其實是在替我製造聲譽，怎麼可以將他趕走？」

戰國四公子號稱「一日三千客，杯中酒不空」，不過，門下食客具有眞才實學的寥寥無幾，大部分都是混吃混喝、濫竽充數的庸碌之人。

但是，四公子本身並沒有鄙視他們的想法，而是抱著「養兵千日，用在一時」的期待，儘量去發掘食客們的優點，而不挑剔他們的缺點。從投資報酬率的角度來

看，只要他們當中有人能在關鍵時刻發揮「一技之長」，便不枉費自己的一番苦心了。

事實上，這些食客雖然不學無術，倒也絕非一無是處。以孟嘗君爲例，他一度被齊國國王貶黜，便是靠著「馮諼市義」而東山再起，後來出使秦國遭到軟禁，差點遭到殺害，更靠著雞鳴狗盜之徒幫忙，漏夜逃出函谷關，才保住了性命。

三國時代，東吳霸主孫權曾經強調，用人的哲學在於「貴其所長，忘其所短」；人與人相處也是同樣的道理，不要太在意周遭的人有什麼缺點，應該儘量活用他們的優點。

戰勝人性的弱點

美國作家馬克．吐溫說：「不要和那些對他人的宏願嗤之以鼻的人來往，因為他們往往是小人。若和真正的大人物會面時，會有一種奇妙的感覺，彷彿自己也成為大人物。」

如何「對牛彈琴」最快樂？

語言可以把死人從墓中叫出來，也能把活人埋入地下。語言可以使侏儒變成巨人，也能將巨人徹底打倒。

有位美國女教師曾經做過一項實驗，發現暗示性的稱讚，可以幫助學生建立自信心，刺激他們自動自發向上。

她煞有介事地對班上的學生說：「根據最新的科學報告，藍眼睛的人學習能力比褐色眼睛的人強。」

一個星期後，她發現藍眼睛的學生成績都顯著提升，於是又對學生說：「上次我說錯了，實際上是褐色眼睛的人學習能力比較強。」

一個星期後，褐色眼睛的學生成績也顯著進步許多。

有一位小學老師，相當受學生敬愛，也深獲家長們讚賞。他最擅長的工作，是矯正一般人眼中壞學生的偏差行為。

他對個性頑劣的學生，從不使用體罰之類的打罵教育，而是以鼓勵的方式加以循循善誘。

通常他會任命頑皮的學生擔任班上幹部，然後告訴他們：「我相信你一定會以身作則，成為班上同學的模範。」或是：「我相信你一定會盡力幫助那些弱小、需要幫助的同學。」

這種勉勵，常常收到意想不到的神奇效果。頑劣的學生難得受到鼓勵，心裡產生了被重視的感覺，開始以身作則循規蹈矩，維持秩序，幫助弱小，久而久之，竟然真的成為全班的模範。

有一個不愛唸書的小學生，成績奇差無比，所有科目中只有自然科勉強及格。

這位老師為了培養他讀書的興趣，便對他說：「你看起來就和愛迪生小時候一樣。」然後，將愛迪生小時候功課如何差勁，後來卻活用自己專長努力研究，終於成爲發明大王的故事告訴他。同時，這位老師也稱讚他自然科成績還不錯，勉勵他以愛迪生作爲榜樣。

幾個月之後，那位原本成績奇差的學生，自然科的成績竟然躍居全班第一，老師便當著全班同學面前加以褒揚。

這項榮譽增加了他的信心，於是他更加用功唸書，後來，每一科的成績都名列前茅。

韓國有句諺語說：「說如果你出去的話是美麗的，那麼回來的語言也必定是美麗的。」

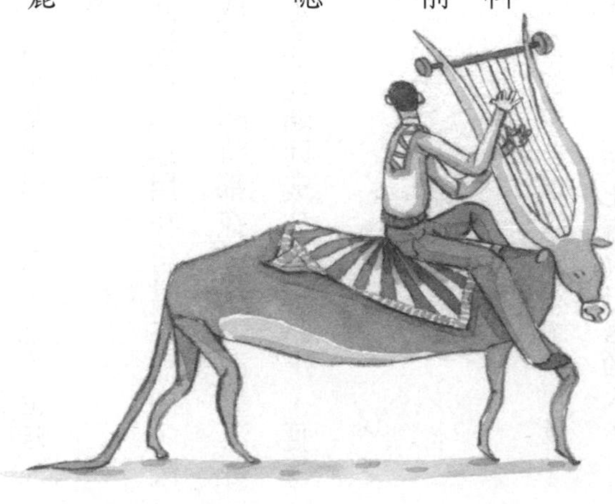

無論多麼頑劣的小孩子，也一定具有某些優點，即使看起來已經無藥可救，這些優點仍然存在。對這樣的學生，與其責備他們的缺點，倒不如發掘出他們的優點，

加以鼓勵。

如果使用打罵方式要求他們矯正缺點，他們一定會心生反抗，一味強迫他們用功讀書，也是對牛彈琴，既然如此，何不發掘他們的優點，刺激孩子們自動自發呢？

德國作家海涅曾說過一句名言：「語言可以把死人從墓中叫出來，也能把活人埋入地下。語言可以使侏儒變成巨人，也能將巨人徹底打倒。」

誠心誠意稱讚別人值得稱讚的地方，這種方法同樣可以運用在日常生活中，因爲，人的自我形象，事實上是由外在環境和暗示形成的，隨時都在動搖、改變；如果你能努力去發掘別人的優點，並且加以讚美，必定能在邁向成功的道路上，獲得意想不到的助力。

戰勝人性的弱點

美國總統華盛頓在《社交格言集》裡說：「每個涉世未深的人都必須懂得：衡量朋友的真正標準是行為而不是言語；那些表面上盡說好話的人，實際上離這個標準還遠著呢！」

不要老是挑剔別人的毛病

歌德曾經勸告世人說：「指責別人的缺點，對自己並沒有好處。稱讚別人的優點，則會受益無窮。」

法國大文豪雨果說：「語言就是力量。」

的確，語言是一種無比犀利的武器，使用得當可以披荊斬棘，使用不當則會傷害自己。

Y先生升任某紡織公司的廠長，令同業吃驚不已。因爲，他的學歷不高，沒有特殊人事背景，能力也不算頂強，不料竟能壓倒公司內部衆多熱門人選，使得大家跌破眼鏡，紛紛研究他的「登龍術」。

後來，大家發覺，他並沒有什麼獨到的秘訣，各方面都普普通通，唯一值得一提的是，他很少挑剔部屬的缺點。

紡織廠以女性員工居多，他看到女工做事緩慢，又做得不好，絕對不會責備她們，反而會誇讚說：「妳做事很有耐心，也很謹慎。」

遇到工作時嘰嘰喳喳或大聲喧嘩的女孩子，他就會說：「妳的個性活潑又開朗……」

這種模式，與其說是在管理工廠，倒不如說是在討好女工。

Y先生自己也不諱言地說，他每天最重要的例行工作就是發掘女工們的優點，其他的事反而是次要。

Y先生說，以前他也常常爲了生產業績，板起臉孔斥責工作效率不佳的女工，但是這種管理方式根本無濟於事，只是徒傷彼此的和氣，使得他和部屬關係惡化，只要自己一不注意，她們就又開始偷懶摸魚。更糟糕的是，業務量吃重的時候，竟然沒人願意留下來加班，讓他無法向上司交差，吃盡苦頭。

後來，Y先生認為，如果自己想在公司繼續待下去的話，就必須改善和女工們之間的緊張對立關係，因此開始嘗試著讚美她們。從此以後，工作反而輕鬆愉快，也屢屢獲得公司獎勵。

「不但要了解她們的工作情形和個性，連她們的外表也應該重視。發掘她們值得讚美的地方，譬如鼻子很挺，頭髮烏黑亮麗，水汪汪的大眼睛……然後毫不吝嗇地加以讚美。當然，你的態度必須莊重而誠懇，否則會被認為輕薄、調戲、性騷擾，這點非常重要。」

任何人都一樣，一受到稱讚，就會露出友好的態度，年輕女孩子尤其如此。Y先生巧妙地運用這層心理，深獲女工們愛戴，化解了不少勞資之間的糾紛，旺盛的人氣也簇擁著他升任廠長。

德國哲學家兼詩人歌德曾經勸告世人說：「指責別人的缺點，對自己並沒有好處。稱讚別人的優點，則會受益無窮。」

如果你老是把別人當成蠢豬，那麼，就別指望別人把你當成聰明人。習慣指責別人的人，既不可能擁有良好的人際關係，也不可能獲得自己所需要的協助。

日常生活中，我們不該老是挑剔別人的毛病，指責別人的缺點。應該多費一點心思發掘別人的優點，讚美別人的長處。這樣，待人處事才會更加圓融，在社會中才能得到更多助力。

戰勝人性的弱點

古羅馬作家卡羅爾在《鏡中世界》說：「當你思考準備說什麼的時候，先做出一副彬彬有禮的樣子，因為這樣可以贏得時間。」

你真的視金錢如糞土嗎？

有許多人故意裝出對錢不屑一顧，以示自己高風亮節。其實，愈有這種傾向的人，愈曝露出自己是一位器量狹小的人。

有一個既貪婪又嗇吝、惡名昭彰的百萬富翁，由於左眼不小心弄瞎了，便花錢請人裝上了一只幾乎可以亂真的假眼睛，平常人乍看之下根本看不出那是一只「義眼」。

有一天，這個大富翁巧逢幽默作家馬克吐溫，便問他：「大作家，你猜得出我的哪個眼睛是假的嗎？」

馬克吐溫毫不遲疑指著他的左眼：「這個是假的。」

大富翁十分驚訝，便好奇地問他：「你是怎麼看出來的？」

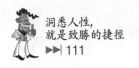

馬克吐溫笑著說：「因爲，你全身上下充滿著銅臭味，只有這顆眼睛還有一點點慈悲的影子。」

家喻戶曉的日本劍客宮本武藏有非常優越的金錢觀念。他從來不浪費一毛錢，只要有了多餘的錢，就立刻儲蓄起來。

據說，他的住屋橫樑上掛了許多錢袋，需要用錢的時候，才用竹桿將錢袋取下來；有錢的時候，又將錢放入袋中存起來。

宮本武藏活躍的那個時代，正是日本人視金錢如糞土，厭棄汲汲營營的時代，也是武士特別注重身段與名譽的時代，宮本武藏能夠超越世俗的想法，體認金錢的價值，實在難能可貴。

宮本武藏的金錢觀念成形於前半生的流浪生涯，艱澀的漂泊生涯使他深刻體認到「無錢寸步難行」。

他說：「我要遊歷全國山川名勝，走訪各地劍客，如果錢財不夠，就會捉襟見肘，哪裡也去不成。因此，我必須儲蓄……」

錢是現代社會生活中，最犀利的武器，只要取之有道，用之得當，就會在人生中扮演重要的角色。

有許多人故意裝出對錢不屑一顧，以示自己高風亮節。其實，愈有這種傾向的人，愈曝露出自己是一位器量狹小的人。

只要我們不要像前述那位渾身散發著銅臭味的富翁那樣貪婪、嗇吝，有錢又有什麼不好？

古羅馬歷史學家李維在《羅馬歲時記》裡說：「無論何時，放棄一大筆錢財都是容易的，但是要得到它卻是困難的。」

其實，我們可以見到一流的人物對於金錢，都抱著慎重的態度，絕不會輕易放棄或作無謂的浪費。

某位知名的商界大老就曾經強調：「過了四十歲你就會發覺，人生之中沒有其他東西比金錢更有價值。有了錢才會擁有豐富的人生。」

能夠愛惜金錢，才能夠愛惜其他東西。

只要仔細觀察，我們不難發現，養成節儉美德的人，通常都是相當有耐力的人，因此，除了金錢之外，他們還能夠貯存其他有意義、有價值的東西。

戰勝人性的弱點

法蘭西斯．培根說：「不要相信那些表面上蔑視財富的人；他們蔑視財富是因為對財富感到絕望。」

有錢能使啞巴開口說話

不論哪個時代的哲人都勸人：「要珍惜金錢，但不要貪財，貪財是可怕的，要是你貪財，一定會變成金錢的奴隸。」

有一個平常在街角乞討的啞巴乞丐走進一家PUB，向吧檯的調酒師大聲說：「喂，給我一杯蘇格蘭威士忌！」

PUB裡的客人見了，全都楞住了。調酒師好奇地問他說：「你不是街角那個啞巴乞丐嗎？怎麼突然會開口說話？」

啞巴端起酒杯一飲而盡，慢條斯理地回答：

「白天，我身無分文的時候，只能忍氣吞聲當啞巴，到晚上有點錢了，當然要開口說幾句話。」

這則「有錢能使啞巴開口」的諷刺笑話，充分反應出現實功利社會中，人類對金錢的重視程度。

作家阿基藍說：「金錢，是財富女神的純潔力量。有了金錢，你就能夠在世界上順利地從事你喜歡的事業，通過正當的手段累積財富。」

錢是現實社會的通行證，也是一個人身分地位的表徵。

蘇秦身居六國宰相後，曾經感慨地說：「貧窮則父母不子，富貴則親戚畏懼。」一語道破了人情冷暖、世態炎涼。

做任何事都需要錢。儘管世人都欣羨詩仙李白「今朝有酒今朝醉」、「千金散盡還復來」的灑脫生活，不過，大部分人毋寧更相信「一文錢逼死英雄好漢」、「有錢能使鬼推磨」、「貧賤夫妻百事哀」……之類的事實。

蘇秦錢財散盡的時候遭到奚落，張儀因爲貧窮而被疑爲盜賊，韓信落魄潦倒的時候，靠洗衣婦人救助，被無賴少年欺辱；范仲淹貧無立錐，遭到五台山和尚羞辱……在在說明了錢在現實社會的重要性。

必須注意的是，錢能幫我們做許多事，但無法幫我們完成所有的事；一味地追求財富，將使我們變得卑賤、腐敗、墮落。

因此，不論哪個時代的哲人都勸人：「要珍惜金錢，但不要貪財，貪財是可怕的，要是你貪財，一定會變成金錢的奴隸。」

戰勝人性的弱點

莎士比亞說：「金子！它可以使黑的變成白的，醜的變成美的，卑賤變成尊貴，老人變成少年，懦夫變成勇士。」

你到底要錢還是要命？

錢是最好的奴僕，然而，一旦對金錢的觀念偏差，人就會淪為金錢的奴僕。

唐朝文學家柳宗元所著的《柳河東集》裡有一個笑話，諷刺吝嗇鬼要錢不要命的態度。

有一個人生性吝嗇，平日一毛不拔。他的父親比他更糟糕，簡直視金錢勝過自己的性命。

有一天，他的父親不小心失足掉進河裡，眼看就快淹死了。這個人急得在岸邊僱船要救父親，他對船主說：「請你幫幫忙，快駕船去救我父親，我給你十兩銀子。」

但是，船主卻趁機敲竹槓，開口要二十兩銀子，於是，兩人爲了船價在岸邊起了爭執。

父親在河中聽見兩人討價還價，顧不得自己就快要淹死了，大聲告訴兒子說：「兒子啊，你千萬要堅守底價，如果船主一定要二十兩，你絕對不能僱，二十兩實在太貴了！」

作家夏邦．羅伯特說：「錢財可以贖回生命，但是，已經失去的生命是無法贖回的。錢財是可能得到，也可能失去的東西，但是生命一旦失掉，就無法再得到它了。」

這一對父子實在讓人既好氣又好笑，到了性命交關的時刻，仍然爲了十兩銀子和船家爭得面紅耳赤。

柳宗元說的這則笑話，所表現的並不是節儉，而是典型的「要錢不要命」。所謂節儉，並不是刻薄、吝嗇，也不是將自己變成一毛不拔的守財奴，而是「當用則用，能省則省」。

錢是最好的奴僕，然而，一旦對金錢的觀念偏差，人就會時時刻刻淪爲金錢的奴僕。就像英國思想家羅素所說的：「由於懼怕失去金錢而產生的憂慮與煩悶，會使人把獲得幸福的能力消耗掉。」

金錢的價值取決於你如何運用，懂得運用財富，財富就會變成生命的福祉；不懂得運用，財富就成了禍根。

人要役使金錢，千萬不被金錢役使。

戰勝人性的弱點

英國作家約翰·雷說：「當我們有金子的時候，我們生活在恐懼中，當我們沒有金子的時候，我們生活在危險之中。」

別讓自己淪為金錢的奴隸

如果你認為金錢是罪惡，故作清高加以鄙視，只會使你在人生旅程上備嚐艱苦，最後淪為金錢的奴隸。

衛國有一戶人家張燈結綵辦地喜事，父親神秘兮兮地把正準備出嫁的女兒拉到一邊說：「妳嫁到夫家之後，可千萬要想辦法多存一些私房錢。現在離婚率這麼高，夫妻能夠白頭偕老的，只能說是僥倖。」

女兒出嫁後謹遵父親的「教誨」，拼命偷存私房錢，有一天，這種行徑終於被婆婆發現，便怒氣沖沖地教兒子把她休了。

這個女兒回家後，帶回來的金錢、財物、珠寶，竟然比出嫁時的嫁妝多出了好幾倍。

父親看了，喜出望外，不但沒有反省自己教導偏差導致女兒被休，反而頻頻稱讚她：「幹得好！」

這是《韓非子》裡收錄的一則諷刺故事。韓非的評語是：現代的貪官污吏，幹的都是這種事。

使用金錢正確的原則是「當用則用，能省則省」，如果曲解它的意思，變得一毛不拔或貪得無饜，那就成爲金錢的奴隸了。

許多眞正懂得節儉的人，到了應該花用的時刻，即使必須一擲千金，也不會吝惜。范仲淹功成名就之後創設義田救助貧苦，美國女作家賽珍珠揚名國際之後創辦幼童之家，專門收容棄嬰和殘障兒童，都是絕佳的典範。

宮本武藏重視金錢，但並不是一個吝嗇的人。一有朋友要出遠門，他就會拿竹桿取下屋樑上的錢袋資助他們，並且誠懇地說：「不論你要去哪裡，都會用得到。」

因爲，他珍惜金錢，更珍惜友情。

安德魯．卡內基從一個週薪一元兩角的小工人，搖身變爲鋼鐵大王，事業有成之後，將私人龐大財富捐贈給社會，並爲慈善事業與世界和平奉獻心力。他既了解金錢的價值，也懂得如何運用金錢。

有人認爲金錢是衡量一個人成就高低的標準；有人則認爲金錢是萬惡的根源，許許多多的犯罪事件都是因錢而起。

其實，金錢本身並無所謂善惡，全看你如何取得，如何運用。只要取之有道，用之得當，錢便是最好的奴僕，可以幫你達成許多願望。

幽默大師林語堂在《大荒集》裡寫道：「金錢是世上最重要的東西。財富代表健康、體力、信義、慷慨、美麗，猶如貧窮代表疾病、懦弱、

恥辱、卑鄙、醜陋，這是如日月經天，無可諱言的事實。」

千萬不要認爲喜愛金錢是壞事，也不要因而感到不好意思，如果你認爲金錢是罪惡，故作清高地加以鄙視，只會使你在人生旅程上備嚐艱苦，最後反倒淪爲金錢的奴隸。

戰勝人性的弱點

古希臘臘學家亞里斯多德說：「人們在處理財富人表現過於吝嗇，或過於縱濫的精神，都是不適宜的。唯有既樸素而寬裕，才是合適的品性。」

04

腦袋不是用來戴帽子的

先了解事情的本質，
再運用靈活的策略去贏得勝利。
千萬要記住，腦袋是用來思考的，
不是用來戴帽子的。

到底誰才是豬？

壓倒對方，除了滿足自己的虛榮，又能獲得什麼實質益處呢？對方並不會因此而改變自己的立場，只會對你產生排斥的心理。

有一位將軍是個大老粗，卻偏偏認爲自己頗有寫詩的才華，硬要別人叫他「儒將」，而且三不五時就要把自己的「大作」拿出來炫耀一番。

有一天，這個將軍又完成了一首詩，碰巧一個參謀前來請示軍務，將軍便要參謀將自己的「詩作」品析一番。

參謀看完之後，皺著眉頭說：「論行軍打仗，您絕對是第一流，但是論寫詩，恐怕只能算是第九流。」

將軍聽了，臉色一沈，立即命令士兵將這個參謀關到軍營後面的豬圈，大罵說：

「你這傢伙跟豬一樣沒品味，活該跟那些豬關在一起。」

第二天，將軍又寫了一首詩，便命令士兵把參謀帶到營中，對他說：「我一定要用這首詩感動你的豬腦袋。」

參謀看了將軍的詩作一眼，便低著往外走。將軍看得莫名其妙，連忙叫住他：「你要去哪裡？」

參謀十分無奈地說：「報告將軍，我自動回去豬圈當豬！」

富蘭克林年輕的時候血氣方剛，經常和別人爭論激辯，企圖壓倒別人，突顯自己的才學、見識，同伴們都討厭他這種習性。

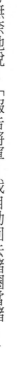

一位老朋友看不過去，便勸告他說：「每當別人的意見與你相左，你就好像鬥雞一樣和對方爭執不休。這種惡習，使得大家逐漸和你疏遠，討厭與你交談。再這樣下去，你將會失去所有的朋友。」

這番話在富蘭克林心中產生劇烈衝擊。他領悟到自己所獲得的，只是表面的勝利；將對方駁倒，心中固然很舒服，但是，被自己駁倒的一方，自尊心受損，產生了對抗心理，更加不可能贊同自己的意見。

富蘭克林悟透這層道理之後，開始避免和別人爭論。

嚴格來說，懂得裝聾作啞的人，比喜歡說話的人更聰明。

世間盡是好發議論、喜歡附會風雅之徒，連見識淺薄、不識之無的人，也喜歡在大庭廣眾喋喋不休或舞文弄墨，因此，如何裝聾作啞，無疑是處世的一大要訣。

富蘭克林曾經說：「經由爭論駁倒對方，所獲得的勝利毫無價值。」

他說得一點都不錯。人在不同的生活環境成長，自然會形成不同的立場、想法、價值觀念、意識型態。既然如此，又何苦彼此爭論不休呢？

在言詞上壓倒對方，除了滿足自己的虛榮，又能獲得什麼實質益處呢？對方並不會因此而改變自己的立場、想法、價值觀或意識型態，只會對你產生排斥的心理。

就像前述那位參謀一樣，即使將軍用強迫性的手段要他誇獎自己的詩寫得很好，他還是寧願回豬圈當豬。

問題是，到底誰才是豬呢？

戰勝人性的弱點

古羅馬思想家西塞羅：「人的眉毛、眼神和面孔常常欺騙我們，但最能欺騙人的，莫過於嘴裡說出的話。」

沈默，也是一種語言

沈默也是一種語言，英國歷史家柯萊爾曾說：「沈默較之雄辯，更容易贏得勝利。」

蘇格拉底是古希臘時代著名的大哲學家，也是西方唯心主義哲學的開山始祖。

有一天，一個自命不凡的年輕人前來雅典城找他，表示希望投入他的門下進修。

年輕人一開始就滔滔不絕強調自己是多麼優秀，多麼有才華。

蘇格拉底等他說完之後，才開口說道：「收你當學生可以，但是，你必須繳兩倍的學費。」

年輕人聽了大惑不解，問道：「爲什麼？我可比一般人都優秀……」

蘇格拉底回答說：「因爲，我除了傳授你學問之外，還得花些時間教你如何閉上嘴巴。」

古今中外，不論哪一個國家，都流傳著「沈默是金，雄辯是銀」之類的諺語，諸如：「多聽比較有利；多說容易失敗」、「經常使用刀片，刀口會鈍掉；時常嘮叨不停，智慧會消失」、「沈默的樹結和平的果」……

這些諺語經過幾世紀試煉，堪稱是顛撲不破的處世箴言。

歷史家柯萊爾曾說：「沈默較之雄辯，更容易贏得勝利。」

莎士比亞也說過：「當雄辯無法使之懾服，沈默定能勝之。」

的確，沈默也是一種語言。細心聆聽別人說話，可以迅速掌握對方是什麼類型的人，有什麼樣的想法、需求，也可以從聽話之中學習到許多自己不懂的事務。想要掌握一個人的心理，多聽聽他發言，不啻是個好方法。

人之患，在好爲人師。孔子周遊列國推銷仁道思想，最後會無功而返，主要的原因在於他是一個好發議論的佈道者，不懂得沈默的力量。

他把列國諸侯、大臣都當成迷途羔羊，一見面就口沫橫飛指責別人不是，滿口超凡入聖、忠恕仁義，鮮少給別人發言的機會，不論什麼事都以自我爲中心大肆批判，硬要別人「改過遷善」。

這也難怪他在周遊列國的過程中處處碰壁，而且還有一「拖拉庫」的人專門扯他的後腿，一逮到機會就詆毀他。

孟子也以好辯著稱，喜歡搬弄口舌功夫，處處與人言詞爭鋒，凡事都要口誅筆伐一番，當然也令當權者難以接受。

古波斯作家昂．瑪阿里曾經說：「不管你怎樣高潔純正、聰明練達，也不要一味地自我吹噓，不會有人喜歡你的自吹自擂。你應當稱讚他人，而不要孤芳自賞。」

就算你是一個曠世奇葩，面對初識的人，不管怎麼吹擂自己品德高尚、學識淵博、志向偉大，都是徒費口舌。對方不但難以苟同，反而會心生反感，認定你是一個相當討人厭的傢伙。

相反的，如果你讓對方盡情高談闊論，自己靜靜地扮演好聽衆的角色，對方很難不對你留下良好印象，搞不好還會把你當成「知音」，有機會也可能對你特別照顧。

戰勝人性的弱點

古羅馬思想家賀拉斯：「想要打動聽眾的心，切不可使用裝腔作勢的語句和囉囉唆唆的詞彙。」

做一個快樂的「聽話」高手

「會聽話的人，強過會說話的人」；如何聽別人說話，確實是一門高深學問。

鋼鐵大王安德魯·卡內基最倚重的部下查理·修瓦普，擁有廣泛而和諧的人際關係，堪稱爲卡內基王國的「親善大使」。

他是一位專門聽別人說話的人，即使是臨時僱員或童工表達意見、大發牢騷，不管有理無理，他都會非常認眞地聽完，並且記下重點。

修瓦普的「聽話哲學」，使得他成爲卡內基不可或缺的左右手。卡內基鋼鐵王國能在穩固中日益壯大，終致獨霸全球，修瓦普功不可沒。

石油大王洛克菲勒也是如此。他留意每一位員工的談話內容，重視他們的意見，有時候，縱使員工們不願意表示自己的意見，他也會用各種方法刺激他們踴躍發言。

日本著名的心理學家多湖輝也是一個「聽話高手」。他和人交談，一定靜靜聽對方把話說完，直到對方請他發表意見才開口。

歐洲文藝復興時代的名畫家拉斐爾曾說：「一個聰明的人，必須細心聆聽別人說話，以謹慎的態度回答，平常則要懂得三緘其口。」

英國前任首相梅傑原本只是一個沒沒無聞的工人，學歷不高，也沒有什麼傲人的身家背景，後來之所以能成爲權重一時的首相，原因就在於他能夠掌握住別人的

心理。

他在社交場合從來不和別人爭辯，即使迫不得已必須和別人討論，也儘可能少講話，把發言機會留給對方。

這種做法不但可以藏拙，也可以從聽話之中吸取經驗和知識，同時讓大家對他留下良好印象。

「會聽話的人，往往強過會說話的人」；如何細心聆聽別人說話，確實是一門高深學問。

某位超級推銷員的業績在同業當中一直名列前茅。他說，銷售商品只有一個秘訣，那就是——「耐心聽完顧客的意見」。

他根據自己的推銷經驗指出一個道理：「顧客願意發表自己的意見，或是對商品提出疑問，表示他對商品感興趣，這筆生意有八成成交的希望。如果，你只顧滔滔不絕強調商品的性能和優點，顧客固然對你所推銷的貨品充分瞭解，可是，這筆交易卻不見得會成功。因爲，一般人都厭惡在半強迫的遊說下購買商品。但是，如果商品是出自本身意願購買的，縱使品質低劣、性能不佳，顧客仍然會讚不絕口。」

這位推銷員傾聽別人發言所獲得的績效，遠超過了其他伶牙俐嘴的同行。這個例子實在值得各行各業的銷售員再三玩味。

即使你自認深諳談話的藝術，也不要炫耀自己，如此才不至於在談話或辦事時陷入困境。記住法國思想家拉羅什福科所說的話：「全心的傾聽和得體的回答，是談話藝術的最佳境界。」

戰勝人性的弱點

英國作家瓊森：「談吐是人最好的特徵；只要你一開口，我就能知道你是什麼樣的人。」

爭論，只會浪費你的生命

只要是針鋒相對的爭論，無論你說得多麼精采，多麼富有哲理，也很難讓對方心服口服、甘拜下風。

《韓非子》裡有一則「白馬非馬」的故事，強調縱使你在言詞上獲得勝利，在現實生活中也無多大效用。

公孫龍子是春秋戰國時代最著名的詭辯家，喜歡玩弄詭辯伎倆，曾經提出「白馬非馬」的理論，辯得諸子百家啞口無言。

公孫龍子的論點是，馬群之中包含了白馬、黑馬、棕馬及雜色馬……但是，在白馬群之中，卻找不到黑馬、棕馬和雜色馬……白馬既然並不足以概括所有馬類，因此，自然不能稱作「馬」。

公孫龍子辯才無礙、舌燦蓮花，「白馬非馬」的理論的確讓他聲名大噪，出盡鋒頭。

可是，這種「輝煌的成就」，在現實生活中卻毫無用處。

有一回，公孫龍子騎著白馬經過一處必須繳交馬稅的關卡，又口若懸河地向稅吏大談「白馬非馬」的理論，談到最後下結論說：「既然白馬不是馬，當然不必繳納馬稅。」

但是，稅吏卻對他說：「你說得很有道理，問題是，你明明騎著一匹馬，所以還是請你繳了馬稅再通過吧！」

《愚人頌》的作者，荷蘭思想家伊拉斯謨說：「我寧願沈思默想，也不願意把時間浪費在毫無意義的爭論上。」

爭論的道理和「白馬非馬」的故事相同。只要是立場不同、針鋒相對的爭論，無論你說得多麼精采，多麼富有哲理，也很難改變對方的價值觀，讓對方心服口服、甘拜下風。

法國思想家拉羅什福科說：「有許多人和人交談後，讓人留下不講理的壞印象，那是因為他們滿腦子裝著自己想說的話，而不去聽對方的話。」

在日常生活中，遇到喜歡喋喋不休和人爭論的「雄辯家」，最好趕快找藉口開溜，因爲這種人專門浪費別人的生命；與其耗費時間和他做這種沒有結果、徒傷感情的爭論，倒不如做做運動，到戶外走走，至少對自己的身體還有一些好處！

戰勝人性的弱點

黎巴嫩作家紀伯倫在《沙與沫》中說：「話最多的人是最不聰明的人；一個演說家和一個拍賣者，幾乎沒有分別。」

腦袋不是用來戴帽子的

先了解事情的本質，再運用靈活的策略去贏得勝利。千萬要記住，腦袋是用來思考的，不是用來戴帽子的。

被譽爲「世界童話之父」的丹麥作家安徒生，生活過得很簡樸，經常戴著一頂破舊的帽子在街上行走，尋找創作的靈感。

某天，有個戴著華麗帽子的紳士遇見他，故意嘲笑說：「喂，老兄！你腦袋上那個玩意是什麼東西？能算是一頂帽子嗎？」

安徒生瞧他一眼，反唇相譏說：「那你帽子下的那個玩意又是什麼，能算是腦袋嗎？」

安徒生熱愛童話創作，也熱愛自己的腦袋。但是，現實社會中，很多人只注重裝飾腦袋之外的儀表，每天花心思把自己打扮得衣冠楚楚，就是不願意充實自己的腦袋。

在安徒生眼中，這種腦袋根本就不算是腦袋。

日本著名的「決鬥者」宮本武藏也是一個十分熱愛自己腦袋的人，他一生中與人決鬥過六十餘次，每次都靠著靈活的策略贏得勝利，不但是第一流的劍客，劍禪合一的高超境界更堪稱日本第一。

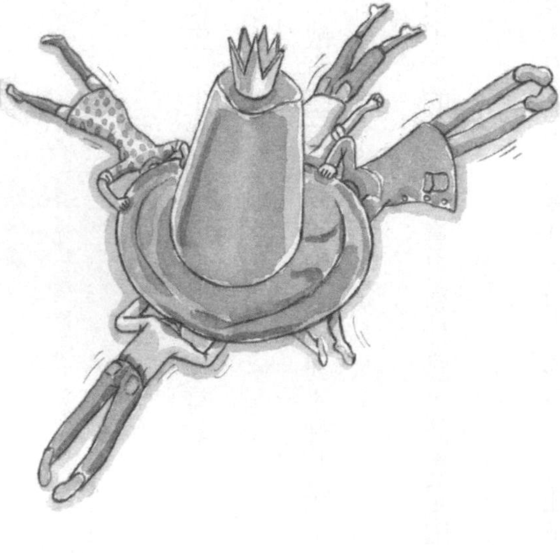

宮本武藏全盤否定傳統的劍法，並且鄙視流於形式的華麗劍招。他在兵法鉅著《五輪書》上寫道：

「拿劍的姿勢一共有五種：就是上段、下段、中段、右側、左側。表面上，這是五種不同的姿勢，但是，實際上，目的都是為了消滅敵人。因此，不論你以那一種姿勢持劍，都不可以認為那只是一種招式，而應該認為是殺人的手段。練劍的人不應該養成固定的持劍姿勢，高明的劍客必須練到無招的境界——一劍在握，就能配合自己當時置身的情況、場所，使用適當的劍式擊敗對方。」

宮本武藏主張，劍不是武士的裝飾品，而是殺人的武器，不論在什麼情況之下，劍招都只有一種，那就是必殺之招；能夠置人於死地的劍招就是好劍招，根本不必在乎美不美觀。

宮本武藏又語重心長地說：

「許多派流的劍客經常教授弟子們華麗花俏的招式，將傳授劍法當成街頭賣藝。他們的目的，可能只是想炫惑初學者的視覺，以顯示自己劍術出神入化。但是，這種作法，不但嚴重扭曲了劍道的本質，同時也將弟子們的生命當兒戲。

劍的唯一用處就是殺敵，要是以這些華而不實的招式和敵人對陣，恐怕劍招尚未用完就一命嗚呼哀哉了。

另外，有的派流專門教授弟子一些劍道中的枝節動作，譬如雙手如何持劍，身體如何旋轉，如何藉著跳躍之勢出劍……這些都不是劍道的精髓。按照這些要領對敵的話，非但無法克敵制勝，反而白白犧牲性命。」

宮本武藏重視實用的思想，在在提醒世人不可忘記最基本的原則，落入形式主義的迷障，捨本逐末去追求外表的美觀。

生活在這個競爭激烈、講求績效的科技時代，每個人都應該宮本武藏一樣，先了解事情的本質，再運用靈活的策略去贏得勝利。千萬要記住，腦袋是用來思考的，不是用來戴帽子的。

戰勝人性的弱點

古羅馬思想家西塞羅：「在所有墮落的行徑中，沒有比偽君子的所作所為更加邪惡的了。偽君子總是在最虛假的時候，小心翼翼地裝出最善良的模樣。」

不要當高人一等的蠢蛋

要讓一個傲慢的人看清自己的嘴臉，是件困難的事，因為這種人總是認為自己高人一等，殊不知在別人眼中只不過是個蠢蛋。

德國大哲學家兼詩人歌德有一天到公園散步，走在一條僅僅能容一個人行走的步道上，突然見到一個他不喜歡的評論家迎面而來。

這個評論家常常惡意攻擊歌德，他走近歌德之後，趾高氣昂地對他說：「你聽好，我是從來不讓路給蠢蛋的！」

歌德聽了，莞爾一笑：「喔，我的習慣恰好和你相反。」

說完，歌德便退到路旁的草地上，悠閒地看著這名傲慢的評論家神情尷尬地匆忙離去。

要讓一個傲慢的人看清自己的嘴臉，是件困難的事，因爲這種人往往受習慣性的想法擺佈，總是認爲自己高人一等，殊不知，在別人眼中，只不過是個蠢蛋。

岩崎彌太郎出身舊式武士階級，下定決心創立三菱公司（Mitsubishi）的時候，規定員工不可穿著華麗服飾到公司，此外，也規定在上班期間，每個人都要穿上工作裙。

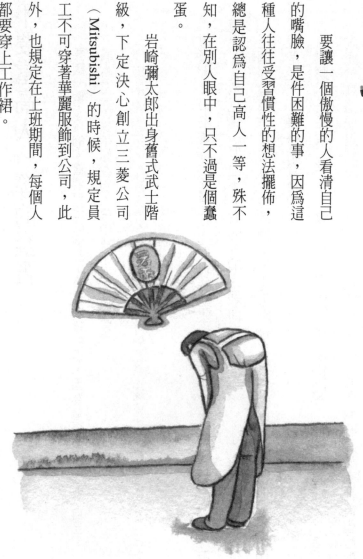

他認爲，既然立志要當商人，就得徹底拋棄武士階級高傲的觀念，否則必然無法成功。

當時，三菱公司的幹部，絕大部分是武士出身，對於公司訂下這種規定，曾經激烈表示反對。

他們認爲，圍上工作裙，對於身爲武士的自己無異是一種莫大的侮辱。

可是，岩崎彌太郎堅持貫徹自己的主張，不願收回成命。

有一個部下對穿著工作裙招待客戶，表現得非常難爲情。

岩崎彌太郎見狀，便把他叫進辦公室，拿出一把扇子，對他說：「這一把扇子送你，你覺得彆扭的時候，就拿出來看看。」

岩崎彌太郎在扇骨黏上一枚金幣，繼續說道：「你認爲自己是在向客戶鞠躬，心裡當然會感覺不舒服，可是，如果你把它想成自己是在向這枚金幣鞠躬，心情也許就會好多了。」

圍裙和扇子的精神，是三菱公司成功的重要因素。

如果在草創初期，他們仍然拘泥於武士的身分，不願穿上工作裙，不願向客戶

彎腰鞠躬，那麼，三菱早就完蛋了，不可能有今日龐大的規模。

記住，千萬不要自認爲高人一等，否則，你在別人的眼中就會變成「高人一等的蠢蛋」。

戰勝人性的弱點

英國語言學家羅根·史密斯說：「人生應該有兩個目標，第一個是追求自己想要的東西，第二個是要享受到手的東西。能達到這兩個目標，才算是聰明的人。」

何必在乎別人怎麼說

想要成就轟轟烈烈的事業，必須充實自己內涵，跳脫虛榮的泥沼；只有欠缺信心，沒有實力的人才會斤斤計較形式上的虛榮。

法國著名的短篇小說作家莫泊桑，有一次爲了要在小說中描述被人狠狠踢一腳的感覺而大傷腦筋，因爲，他並沒有被人踢過的經驗。

絞盡腦汁之後，他終於放棄，信步走到街上，對一個蹲在路旁的乞丐說：「拜託你狠狠踢我一腳，好不好？」

乞丐狐疑地打量了他一會，以爲他是神經病，沒好氣地揮揮手：「快滾開，別妨礙我工作！」

莫泊桑不死心，從口袋掏出鈔票說：「我付錢給你總可以吧！拜託你一定要用力踢！」

乞丐眉開眼笑收了錢，狠狠往莫泊桑的屁股踹一腳；莫泊桑痛得大叫一聲，連忙跑回屋裡寫作。

想要獲得人生中的某些寶貴經驗，往往必須實際去親身經歷。

日本知名的大企業家出光佐三從神戶高商畢業之後，出乎眾人意料地到一家小雜貨店當學徒。

以當時神戶地區的水準，只要能從一流高級商業學校畢業，一定可以在大企業、大公司找到好工作。同學們看見他竟然放棄體面的高薪工作，跑去雜貨店當學徒，吃驚之餘對他百般嘲弄。

許多同學甚至對他說：「你使學校的名聲掃地……」

但是，出光佐三並不在乎別人的說法，每天認眞學習經商的技巧，汗流浹背地勤奮工作。他認爲，將來要獨當一面，開創一番事業，就必須從最基層的學徒開始幹起，才能了解每個環節的訣竅，因此放下了著名商校畢業的身段。

後來，有一位富翁相當欣賞出光佐三這種腳踏實地的精神，於是出資幫助他創業，使得他的美夢提早成眞，躍爲日本知名的企業家。

日產集團（Nissan）的創立人鮎川義介，是東京帝國大學第四名畢業的高材生，家世背景也十分良好，但是大學畢業之後，他卻放棄了傲人的學歷和門閥，隻身到美國一家鑄鐵工廠見習，爲自己的人生打基礎。

這段在鑄鐵工廠見習的生涯，使得鮎川義介學習到不少寶貴的經驗，後來創設日產集團時，才能避開許多商場上的陷阱。

著名的專欄作家包可華曾說：「不論是最好的時光或最壞的時光，都是你唯一的時光。」

形式是虛幻的、容易破滅的，只有內涵才是眞實的、永久的。

想要成就轟轟烈烈的事業，必須先放下身段，掌握寶貴的時光努力充實自己內涵，跳脫虛榮的泥沼；只有欠缺信心，沒有實力的人，才會把時間消耗在毫無意義的事情上，斤斤計較形式上的虛榮。

戰勝人性的弱點

美國總統傑佛遜：「不管人們說什麼、做什麼，你都要保持頭腦冷靜，毫不動搖；無論遇到什麼，都要有耐心，不屈不撓，處之泰然。」

別讓虛榮膨脹你的自尊

沈迷虛榮的夢幻之中，只會使你淪為微不足道的小人物，應該將自己的虛榮心徹底拋除，一心一意充實自己的能力。

有一個貴婦人雖然已經徐娘半老，卻自認是風韻依在的「少年殺手」，喜歡濃妝艷抹，希望別人稱讚她依然年輕美麗。

有一天，她在社交場合遇見幽默作家蕭伯納，便故作嬌嗔地問他：「依您看，我大約幾歲？」

蕭伯納一臉正經地稱讚她：「看妳潔白的牙齒，像是十八歲；看妳飛揚的秀髮，像是十九歲；看妳美麗的身材，倒像是十四歲。」

貴婦人聽了樂不可支，笑得相當開心，連忙追問道：「那，大作家你猜，我到底幾歲？」

蕭伯納認眞地算著，回答說：「嗯，加起來一共五十一歲。」

眞正有內涵、有實力的人，絕對不會拘泥於外在的虛榮。

日本戰國英雄織田信長揚名天下之後，對於各路諸侯和臣民仍習慣稱呼他「尾張大傻瓜」，絲毫不以爲忤。

有時候，別人當著他的面不小心說溜了嘴，他

也會若無其事地接著說：「沒錯，我就是人盡皆知的尾張大傻瓜織田信長。」

織田信長被明智光秀刺殺身亡之後，爲了要決定繼位人選，織田家召開家族會議，順便討論了各家臣的席位排名。

柴田勝家先聲奪人，提出自己擬定的排名順序，第一位是柴田自己，第二位是丹羽長秀，第三位是瀧川一益，第四位才是豐臣秀吉。

豐臣秀吉曾經立下無數戰功，又剿平了明智光秀，替織田信長復仇雪恨，卻只屈居第四，不少家臣都覺得柴田勝家私心自用，有欠公允。

但是，豐臣秀吉對於這樣的排名順序，並未表示不滿，反而點頭說：「很好，很好。我十分贊同！」

他認爲座席的前後次序並不重要，重要的是本人的實力如何。

豐臣秀吉追求的是實際的利益，而不是虛幻的名位。他絕對不會爲了獲得外表的虛榮而讓自己損失實際的利益，也不會爲了滿足一時的虛榮而無端樹立敵人。

法蘭西斯·培根說：「虛榮的人，為智者所輕蔑，為愚者所歎服，為阿諛者所崇拜，而為自己的虛榮所奴役。」

愈沒有內涵的人，就愈會裝飾外表，愈想滿足表面的虛榮，一遭受小小的屈辱，就會暴跳如雷。

沈迷虛榮的夢幻之中，斤斤計較外在的形式，只會使你淪爲微不足道的小人物，應該將自己的虛榮心徹底拋除，一心一意充實自己的能力，這才是邁向成功的正確法門。

戰勝人性的弱點

英國作家切斯特菲爾德在《書信錄》寫道：「不要信口開河，也不要信口雌黃，你常常可以看到，最大的笨蛋是最大的騙子。」

05

體貼，才能打開別人的心扉

汽車大王亨利．福特說：

「世間如果有邁向成功的捷徑，

那就是進入別人的心中，

以別人的立場來看問題！」

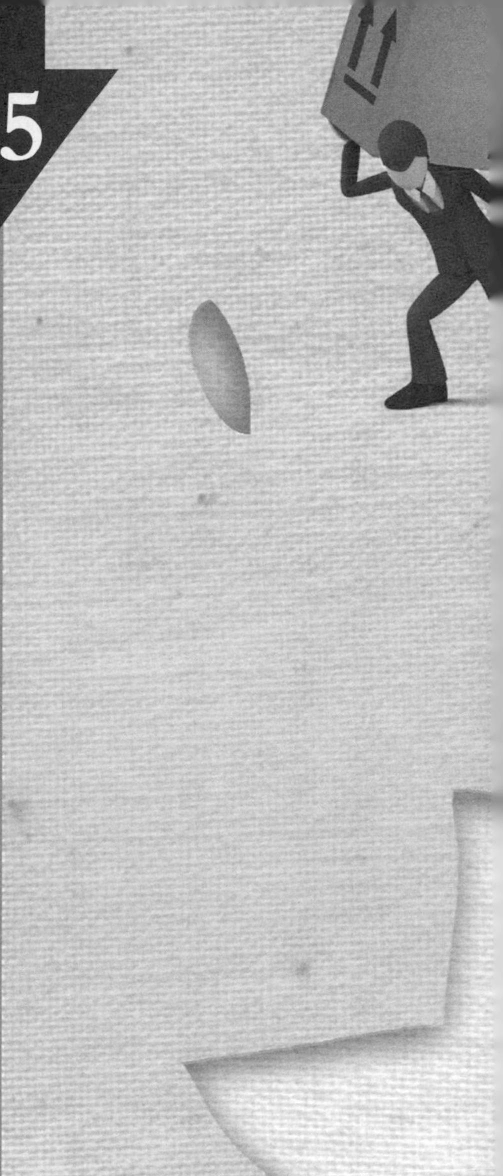

溝通，要有點創意

如果一味強調自己的立場正確，正面和對方理論，不但雙方會鬧得不歡而散，自己也會樹立一個敵人。

有一個沼澤裡住著兩條水蛇，一直過著幸福快樂的日子，不料，有一年夏天氣候變得十分乾旱，沼澤竟然枯涸了。兩條水蛇爲了生存，便準備搬家遷徙到附近的大河裡。

大水蛇對小水蛇說：「這樣吧，我走在前面，你走在後面，一有風吹草動，我們就分頭逃命。」

小水蛇想了想，對大水蛇說：「我跟在你後面走的遷移方式很危險，萬一被人類看見了，會認爲我們只不過是兩條普普通通的水蛇，鐵定把我們砸個稀爛煮成蛇湯來吃。不如你背著我，我叼著你的脖子，大搖大擺一起走，人類從沒見過這種怪東西，一定會以爲我們是天上的蛇神下凡，不敢動我們。」

大水蛇聽了覺得頗有道理，便依計行事。

路過的行人果然把牠們當成下凡的蛇神，紛紛走避，這兩條水蛇終於平安到達河裡。

《孫子兵法》強調「聲東擊西，攻其不備」，意思是說從正面攻擊目標，由於敵人早有嚴密防備，成功機率會大幅降低，即使最後獲得勝利，己方也必須付出相當慘痛的代價——「殺人一萬，自損三千」。

後世的將領和謀略家們一向將「聲東擊西」奉爲作戰的最高藝術。楚漢爭霸時期，劉邦麾下頭號大將韓信，更是將「聲東擊西」戰術發揮得淋漓盡致，「明修棧

道，暗渡陳倉」就是箇中經典之作。

在競爭激烈的商業社會和現實生活，與人相處、溝通，更須掌握「虛而實之，實則虛之」的原則，加以靈活運用。譬如，我們鎖定右邊作爲眞正目標，大可隱藏自己的目的，不時騷擾左側，等到對方將注意力全部移轉到左側後，再攻其不備，大舉侵略右側，如此，必定可以大獲全勝。

要攻取人心，「聲東擊西」也是相當有效的戰術，特別是用來應付性情乖戾的人，更能奏效。

一般人都有這種傾向——你教他朝右，他卻偏偏要往左，性情乖僻的人，這種傾向尤爲強烈。這時，「聲東擊西」的策略就派得上用場。

富蘭克林提醒過人們，對待性情乖僻的人，必須採用獨特的方法。因爲，不論你自認動機多麼純正良善，立場多麼公正客觀，單刀直入的正面作戰方式，很難達成目的。

他瞭解，如果一味強調自己的立場正確，正面和對方理論，不但雙方會鬧得不歡而散，自己也會樹立一個敵人。因此，他往往採用欲擒故縱的方法，自己先退讓一大步，圓滿地解決問題。

富蘭克林認爲，如果自己的想法和對方相左，應該謙虛地對他說：「我不知道這個想法對不對，請你指點如何做才正確。」

這麼一來，對方的意見縱使和你有段距離，他也可能會因爲受到尊重而說：「你的看法不錯，就照這樣做做看吧。」

如果你一味堅持自己的觀點才是最正確的，企圖用各種方法說服對方，那麼，對方也必定會堅持自己的意見，懷著濃厚的敵意抗拒、反駁你。

面對性情古怪、頑強、狡詐的人，應該充分運用聲東擊西的心理戰術，否則，你非但難以說服對方，更可能在人生路程中遭遇嚴重障礙。

戰勝人性的弱點

英國作家奧特韋：「對任何人都不可輕信，因為人的本性就是狡猾虛偽，欺詐殘忍，言行不一。」

體貼，才能打開別人的心扉

汽車大王亨利．福特曾說：「世間如果有邁向成功的捷徑，那就是進入別人的心中，以別人的立場來看問題！」

美國獨立戰爭期間，華盛頓總統麾下有一名驍勇善戰的猛將阿隆巴，每次作戰都身先士卒衝鋒陷陣，立下無數汗馬功勞。

戰爭結束後，華盛頓總統提拔他出任國防部長，可是，過沒多久，他就遭到撤換的命運。

阿隆巴遭到撤換的原因，並不是他辦事能力不夠，而是對人的態度太過強悍，遭到其餘閣員群起抵制。

因爲，他從來不知道退讓、轉寰，常常漠視旁人的想法，一味強迫別人接受自己的意見。

他在戰場上是一員猛將，但是，政治並不是你死我活的戰爭，而是一套深奧的人際藝術，他把政壇當作戰場，遭到撤換是必然的結果。

汽車大王亨利．福特曾說：「世間如果有邁向成功的捷徑，那就是進入別人的心中，以別人的立場來看問題！」

事實上，每個人都有本身的立場和觀點。漠視別人的立場，強迫別人接受自己的意見，一定會招致頑強反抗。這種反抗情緒，縱使不流露於言表，也會潛藏於心裡伺機反撲。

商人與推銷員販售商品也是一樣的道理，不要光在賣方的立場上著眼，應該審

愼考慮買方的立場，如此才能締造輝煌的銷售成績。

馬其頓王國的亞歷山大大帝每征服一處地方，都會站在戰敗一方的立場，思考如何對待當地住民。

他會先採取溫和懷柔的態度，先充分了解當地民情風俗，然後，擢用當地人來管理一切事務，從不以高壓手段妄加迫害。這種模式大大削弱了百姓的反抗心理，因此最後能創立橫跨歐、亞、非的龐大帝國。

大部分成就豐功偉業的人，也都具備這種待人處事的特質，善於觀察對方的心理，體諒對方的立場。

《伊索寓言》中，「北風與太陽」的故事告訴我們，眞正的強者不是以力屈人，而是以德服人，用溫和的態度，使人心悅臣服。這種說法固然八股，不過，倒是一門有趣的學問。

剛強的意義並不意味著言行固執，也不是忽略對方的想法，一味將自己的主觀意識強行加諸對方身上。

眞正的強者，除了「剛強」的一面之外，還有「柔軟」的一面——必須有寬廣的胸襟，能夠設身處地包容對方的想法。

體貼，才是打開別人心扉的關鍵。

體貼別人，站在別人的立場上著想，才能夠強化自己的立場。如果你渴望成功，希望超越他人，就不得不重視這個原則。

戰勝人性的弱點

法國思想家伏爾泰在《哲學辭典》裡說：「人不能始終具有虛假的思想，也不會始終只具有真實的愛；不能始終溫柔，也不能始終殘忍。」

你有「自私」的本錢嗎？

在現實社會中，如果我們想增加自己的利益，就必須先正視別人的慾望，照顧別人的利益。

美國幽默作家馬克吐溫，有一次想向鄰居借一套書來翻閱，鄰居很客氣地說：「能把書借給您是我的榮幸，不過，您得到我家書房去閱讀，因爲我的書按照慣例是不能外借的。」

馬克吐溫借書不成，只好悻悻然回家。

幾天後，這個鄰居上門來借除草機，馬克吐溫見「機」不可失，也故作大方地說：「我當然很樂意把除草機借你，不過，按照慣例，我的除草機是不外借的，所以，只好請你到我家的草坪上使用。」

每個人的潛意識中，都存著自私自利的心理，時時刻刻關心自己的權益，而漠視他人的慾望，惡性循環的結果，就像馬克吐溫的鄰居一樣，不肯借書給別人，當然借不到除草機。

《韓非子》裡有一段話說：孩提時代，如果父母養育怠慢疏忽，孩子長大之後就會埋怨父母不是；相對的，如果子女對父母供養微薄粗簡，父母也會譏責子女不孝。

連天性至親都會爲了本身的利益而交相指責，更何況是一般分分合合的工作伙伴和政治搭檔。

因此，在現實社會中，如果我們想增加自己的利益，就必須先正視別人的慾望，照顧別人的利益，自

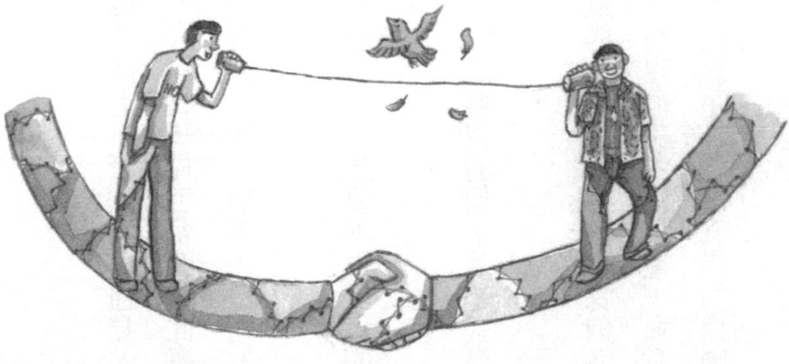

己才有獲得更多利益的可能。

最好的例子是汽車大王亨利．福特。

福特汽車公司草創之後，生產與銷售狀況一直陷入膠著狀態，無法突破僵局，爲了使公司業績向上飛躍，他克服了股東們的反對聲浪，大幅調高員工薪資。此舉使得員工們以實際行動表達由衷的謝意，大家比以前更加努力生產、衝刺，公司收益直線上升，規模也逐漸擴展。

這正是《孫子兵法》所說「將欲取之，必先與之」的道理——想要獲得最大的利益，必須先犧牲一部分利益。

古代不少謀士、名將都運用過這種手法消滅強敵，其中最典型的例子就是張儀的「連橫破合縱」。

戰國後期，秦國想要併吞天下，但是敵不過六國合縱的龐大力量，於是採取各個擊破的策略，派張儀分赴六國遊說，不惜以鉅金、奇珍異寶籠絡各國權臣，並且動輒割地數百里、奉贈城池若干討好各國君王，最後終於瓦解了長達十五年的六國合縱盟約。

連橫策略奏效之後，秦軍跨出函谷關，不但將失去的土地、城池連本帶利討回，也締造了中國歷史上第一個帝國。

戰勝人性的弱點

法國哲學家狄德羅：「人類既強大又虛弱，既卑瑣又崇高，既能洞察入微，又常常視而不見。」

讚美，是最有效的溝通

要獲得別人的信賴、擁戴，就必須多稱讚對方，不瞭解稱讚藝術，只會一味責罵的人，很難成就一番大事業。

唐朝末年有位學者殷安，經常慨嘆社會混亂，倫常乖舛。

有一天，他又大發牢騷，對學生們說：「自從盤古開天地以來，夠資格被後世尊奉爲聖人的，只有五個人。第一位是具有神性之德的伏羲氏；再來是教導黎民開田墾地的神農氏、伐紂抗暴制禮作樂的周公、教化萬民倫常道德的孔子……」殷安邊說邊彎下四根手指頭，說到這裡，他想了一想，搖搖頭說：「除了這四位，就再也找不出夠資格的人了。」

「不，老師，第五位聖人就是您。」這時候，一位弟子奉承地說。

殷安聽了這番話，表情突然嚴肅了起來，不太好意思地說：「不，我還沒有資格……」

可是，不知不覺間，他已經將第五根手指彎了下來。

這個故事說明了，每個人都有強烈的自尊心和虛榮感，打從心裡認為自己比別人聰明、優秀，而且希望別人能加以肯定；即使言行表現得再謙沖的人也不例外。

因此，交際應酬時，應該掌握人性的這項重要特質，儘量滿足對方想獲得稱讚的心理需求，不要老是喋喋不休地談論自己。

法蘭西斯·培根曾說：「與別人交際應酬時，得體的讚美，比口若懸河更為可貴。」

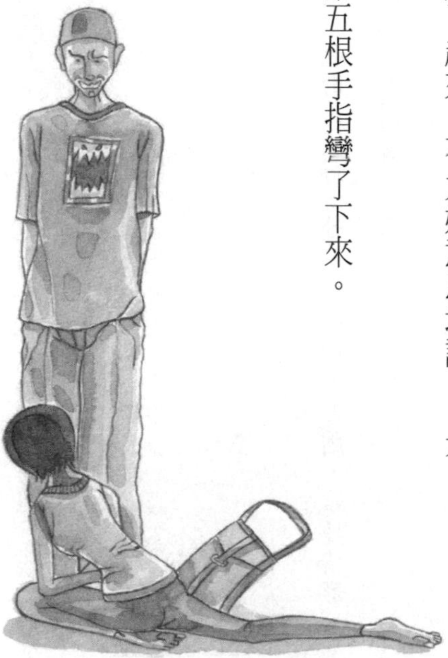

俄國大文豪托爾斯泰在《戰爭與和平》裡，也強調讚美別人的重要性。他說：「即使是在最好的、最友愛、最單純的關係中，稱讚也是不可少的。正如同要使輪子轉得滑溜，潤滑劑是不可少的。」

讚美是最有效的溝通方法，可以瞬間縮短彼此的心理距離。處世之道，貴在禮尚往來。不論在什麼場合，想要獲得別人的信賴、擁戴，就必須多稱讚對方。

不瞭解稱讚藝術，只會一味責罵的人，在人生道路上必定困難重重，很難成就一番大事業。

戰勝人性的弱點

作家伊本·穆加發：「很多人，表面上交好，骨子裡卻埋著刀劍，這種情形，比平常的仇恨更加凶惡，防範一不周密，必定要受大害。」

責備，是最愚蠢的行為

新加坡作家洪生在《人性談》裡說：「人如冬天裡的刺蝟，太過疏遠就會各自覺得寒冷，可是過於靠近又會互相刺傷。」

班傑明．富蘭克林曾在自傳中勸告世人說：「建立人際關係的第一要則，就是不要責備對方。」

美國總統林肯也曾語重心長地說：「責備與中傷是最愚蠢的行為。」他們兩人年輕時代都經常爲芝麻小事激烈指責別人，後來，也都從自己的慘痛經驗中，充分瞭解這種做法的愚昧。

有一次，林肯指責一位同僚的缺失，對方惱羞成怒，憤而向他挑戰，林肯差點就命歸黃泉。從此之後，他不再任意責備別人，即使是善意的批評，也儘量不說。

這種改變，使得他的人際關係大爲好轉，廣受大衆歡迎，後來終於成爲美國歷史上偉大的政治家。

新加坡作家洪生在《人性談》裡說：「人如冬天裡的刺蝟，太過疏遠就會各自覺得寒冷，可是過於靠近又會互相刺傷。」這是因爲，人與人往來密切，不免因爲錯綜複雜的人際關係，造成雙方或多方、或明或暗的攻擊。

絕大多數的人都認爲自己的觀點和言行才是最正確的，錯誤的是社會大衆，無論何時何地，都本能地將自己美化、正確化；即使是被公認爲性情乖僻的人，也會執拗地認爲「衆人皆醉，唯我獨醒」，這是人類難以改變的心理特徵。

就算是客觀的批評或是懇切的責備，一般人也會覺得自尊心受到傷害而難以接受。只要一遭受批評，就立刻採取刺蝟般的防衛態度，豎起身上的每一根刺，加以反駁、反擊。即使他表現出虛懷若谷、勇於認錯的態度，心中也許還是忿忿不平，盤算著如何伺機報復。

日本明治時代的大作家，《我是貓》的作者夏目漱石對於這種現象有著極爲深刻的體認，他說：「別人對你道歉，向你賠禮，如果你信以為真而原諒他，那你就是個誠實過頭的傻瓜。你必須這麼想：道歉只是表面上的道歉，原諒也是表面上的原諒。」由此可見，責備與批評根本沒有用處，只會使你的人際關係受到磨損；尤其是面對性情狡詐、陰沈的人，責備與批評只會浪費自己的生命，替自己製造潛伏的危機。

戰勝人性的弱點

法國思想家孟德斯鳩：「我一直認為，一個人要在世界上獲得成功，就不得不表面上像個傻子，實際上是個智者。」

多稱讚幾次，連豬都會爬樹

不管為人處世或是領導部屬，都要懂得運用「稱讚的心理法則」。如果你想讓豬主動爬樹，不要輕忽稱讚可能產生的神奇效果。

結束日本戰國時代的豐臣秀吉飽經塵世磨練，自社會底層一路向上攀爬，好不容易才躍上權力頂峰，在待人處事方面的表現相當圓融、高明。

有一次，明智光秀詢問一位豐臣秀吉的老部下：「你的主公在諸侯之中聲望極高，也深受部屬擁戴，他究竟用什麼方法籠絡人心的呢？是不是有特別之處？」

這個人回答說：「並沒有什麼特別的方法。他很少責怪我們，平常，我們只要一達成任務，他就會慷慨地獎賞。有時候，賞金之多甚至出乎我們意料。若說特別，大概就是這一點吧！」

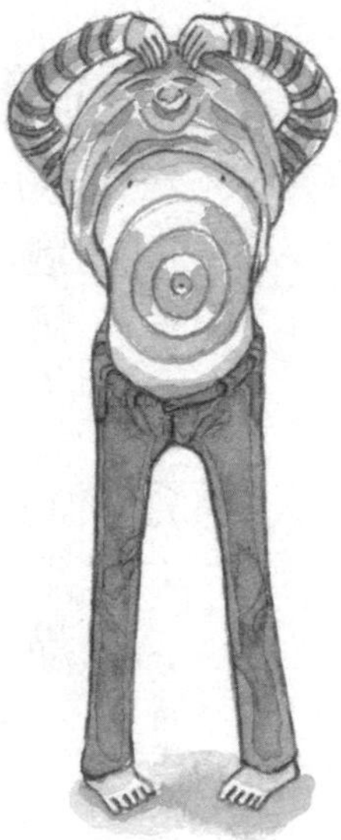

事實上，這種模式便是《孫子兵法》所說的：「主將之法，務攬英雄之心。賞祿有功，通志於眾。」

當時各路諸侯或武將當中，只有豐臣秀吉細膩地照顧到部下的自尊和利益。每當一場戰役結束，不論是輸是贏，他總是一一慰勉部下，甚至以誇大的口吻稱讚他們表現勇猛。對於戰役中死亡的士兵家屬，他也竭盡所能從優撫卹。

有一回，豐臣秀吉麾下猛將蒲生氏鄉率軍攻陷巖石城。豐臣秀吉立即下令犒賞前線兵士，並且派人將自己的愛馬送去給蒲生氏鄉，命他騎馬趕回主帥大營。

蒲生氏鄉快馬加鞭趕回，赫然發現豐臣秀吉正率領著全營部將列隊歡迎他。這種獎勵模式，使得視爲榮譽爲第二生命的蒲生大受感動。豐臣秀吉經常以這種手法激勵部下，讓他們在物質和精神層面都獲得獎勵，最後終於將士用命統一日本。

某位深受年輕人歡迎的偶像級政治人物說：「對於部屬，不論職位高低，千萬不要當著衆人面前指責他，即使他犯了嚴重的錯誤，也應該私下和他溝通。」

每個人都有自尊心，一受到別人責備，心底一定湧起「你又有什麼了不起」的想法，繼而對責備的人產生憎惡感。

這位政治人物可說深知人性的這項弱點，難怪會在政壇上平步青雲。

日本有句俗諺說：「即使是一隻豬，只要多稱讚幾次，牠也會爬樹。」

這句話告訴我們，不管爲人處世或是領導部屬，都要懂得運用「稱讚的心理法則」。如果你也想讓豬主動爬樹，那麼，就不要輕忽稱讚可能產生的神奇效果。

戰勝人性的弱點

作家奧．旭萊納：「友情本來是一根結實的拐杖，可是，當你全身倒下去倚靠它的時候，它就折斷了。在你最需要朋友的時候，你總是孤單的。」

自曝缺點，可以鬆弛對方的心防

如果你適度地將自己的某些缺點曝露出來，反而可以瓦解對方的心防，容易獲得別人親近、信賴。

長年在政壇、商場打滾的人都有過這種經驗——酬酢應對之時，缺點比優點更受對方歡迎。因爲缺點可以鬆弛對方的心防，彼此可以脫下虛僞的面具，開懷暢談一番。

豐臣秀吉常常毫不保留地顯露自己的缺點，消弭對手的警戒和猜疑。儘管有人認爲他太輕浮，瞧不起他，但是，他仍然一天到晚吹牛、管閒事。他總是伸伸舌頭，誇張地說：「我又自曝缺點了。」

他故意地將缺點表露出來，反而使自己的地位更加穩固。

織田信長對豐臣秀吉非常欣賞，不論公私場合都稱呼他「猴子」，由此可見織田信長對他毫無警戒、提防的心理。

反觀，相貌出衆、才智過人、學識優越的明智光秀，雖然處處表現得無懈可擊，卻始終得不到信長織田的歡心和信賴，時時刻刻擔心他會不會倒戈叛變。

織田家的家臣們對言行幾近「聖人」的明智光秀，也個個心懷厭惡和忌恨，終於導致他走上叛亂弒主之路，最後戰敗身亡。

明智光秀堪稱是日本戰國時代典型的悲劇人物。大部分的歷史學者和小說家都推崇他出類拔萃，集戰國群雄優點於一身，但是，卻由於表現得太過完美無缺，最後竟以悲劇收場。

歌德曾經說過一番耐人尋味的話：「人活在世界上，必須要有某些缺點存在，過分完美的人，容易讓人心生反感。」

一般人在公衆場合都會百般掩飾自己的缺點，不願意被別人看見眞實的一面，對外總是矯揉造作，想表現得完美無瑕，爭取別人的重視。

可是，每天戴著假面具過日子，未免太虛僞、太不自在了，愈想掩飾自己的缺點，就愈擔心被別人拆穿自己的僞裝。我們的心理如果全副武裝，相對的，別人的心理也會產生反射性地設防，到頭來，大家便小心謹愼地相互防備。在這種情況下，一個人即使表現得再謙沖有禮、誠懇勤勉，也無法獲得別人的信任。

相反的，如果你適度地將自己的某些缺點曝露出來，反而可以瓦解對方的心防，容易獲得別人親近、信賴。

戰勝人性的弱點

法國思想家巴斯卡：「人生只不過是一場永恒的虛幻罷了，我們只不過是在相互矇騙相互阿諛。人不外是僞裝，不外是謊言和虛假而已。」

想辦法活用自己的缺點

露活地運用自己的缺點，可以達到出其不意的效果，吸引對方注意，進而獲得信賴。

某位名作家是一個善於利用自己缺點的人。

他的才思並不敏捷，文筆充其量也只能算中等程度，寫稿寫不出來的時候，就乾脆脫離主題，扯到自己曾經幹過什麼壞事、糗事，藉此自娛娛人，順便騙騙稿費。

沒想到，這種筆調竟獲得出版社和讀者青睞，認爲他眞實地反映人生，不像其他勵志類書籍作者道貌岸然，老是說一些連自己都做不到的人生大道理，寫一堆無法完成的「心靈工程」。

這位名作家簡直是利用自己的缺點淘金，往往書籍一出版就躍登暢銷排行榜，大賣特賣。

《菜根譚》裡有句話說：「鷹立如睡，虎行似病，正是牠攫人噬人的手段。」

高明的騙子或詐欺犯之所以能夠行騙天下，無往不利，通常是靠著忠厚、笨拙、愚鈍的外表僞裝，取得他人的信賴，才能遂行騙術。

同樣的，想要獲得別人的好感和信任，掩飾缺點倒不如曝露缺點，有時，更不妨製造幾個無傷大雅的假缺點。

大智若愚，大巧若拙，這才是處世的大智慧。

缺點，具有潤滑人際關係的功能，某些政壇人士或商場大亨就常常利用缺點，作爲拓展人際關係的武器。

我們又何必懼怕，頻頻加以掩飾呢？應該將缺點善加利用在人際關係方面，使自己獲得更高的成就。

靈活地運用自己的缺點，可以達到出其不意的效果，吸引對方注意，進而獲得信賴。陷於缺點的困擾之中，一心只想遮掩粉飾，其實是下下之策；聰明的人會以坦誠的態度，將自己的缺點表現出來，並且善加運用。

當然，並不是要你把所有的缺點，毫無保留地全部曝露出來。

若干可能引起別人攻擊，或是導致自己地位崩潰的缺點，當然需要妥善掩飾，只曝露那些無關緊要、不會造成致命傷害的缺點。如此一來，你不但可以掩藏自己的重大缺點，又可以獲得別人信任，可謂一舉兩得。

戰勝人性的弱點

松下幸之助說：「不可以希望世界上全部是好人，或是心地善良的人；十個人之中，必有不美好的人，不正當的人，這是社會的真實狀態。」

滿足別人就是滿足自己

注意對方需要的是什麼，然後，盡力協助他達成。對方的慾望獲得了滿足，你自己也會得到想要的回餽。

美國林肯電機製造公司爲了更加蓬勃發展，曾經採行一個令員工們相當振奮的措施——將公司部分股權分配給員工。

這在當時堪稱是一項創舉，如此一來，每個員工都成了股東，和董事會一樣關心公司的盈虧，開始盡心盡力投入工作，不僅增加了自己的收入，也使得公司的業務蒸蒸日上。

這種將員工生產力和公司利益結合的方法，巧妙地刺激了員工們的獲利慾望，既增加了公司的生產量，又消除了集體罷工的可能性，可謂是一舉兩得的好方法。

林肯電機製造公司的創舉奏效後，許多公司爭相模仿，把這種方式視爲激勵員工的有效手段。

人與人之間，不管是什麼性質的交往或聚合，都必須注意對方需要的是什麼，然後，盡力協助他達成。等到對方的慾望獲得了滿足，你自然就會得到自己想要的回餽。

假如你是一個上班族，應當明確地瞭解上司注重的、要求的是什麼，如此一來，你的表現和成績才會讓他感覺滿意，才會受到器重。

如果上司是個「急驚風」，講求的是速度和爆發力，那麼，你就不能當「慢郎中」，不能有慢工出細活的工作態度，應該在不損及工作品質的前提下儘量地快速，否則，上司就會認爲你笨手笨腳，欠缺應變能力，不足以擔當大任。

如果，你的上司是個完美主義者，交代必須提出詳細而正確的企劃案，而你卻爲了展現速度，匆忙草率地遞出企劃書，那麼，他對你的工作態度和能力自然會大打折扣。

日本戰國名將武田信玄麾下大將山本勘助：「身爲一個家臣，必須瞭解自己主公的性格。如果他是一個性急的人，對他報告事情，必須先說出結果。除非他想聽事情的細節和經過，你才可以仔細說明，千萬不要一開始就有頭無尾拉拉雜雜說一大堆。」

山本勘助能被一代名將武田信玄倚爲肱股，絕非因緣際會般的偶然。他的說法對現今朝九晚五的上班族，同樣相當適用。

人與人相處，如果沒有考慮到對方的需求，一味只顧滿足本身的權益，很難有圓滿的結局。

戰勝人性的弱點

作家昂·瑪阿里說：「不要和那些沒有任何本領的人交朋友，因為，他們既不配當你的朋友，也不配當你的敵人。」

06

別再認為自己是「豬頭」

「只有懶惰、不負責任、沒有理想、沒有志氣，
才是人生真正的不幸」，
從現在起，不要再認為自己是「豬頭」了。

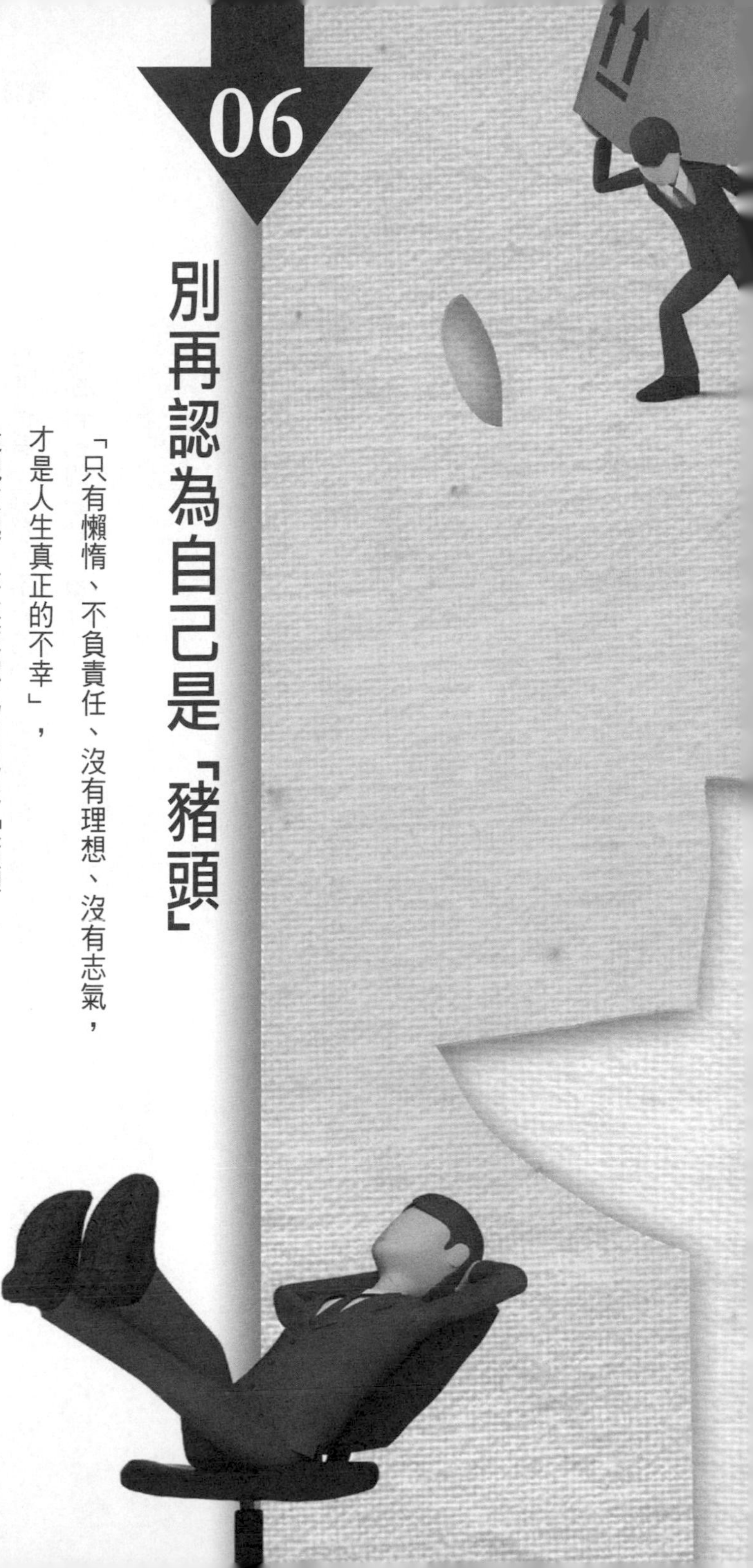

何苦對自己的腦袋開槍？

只要保有一顆堅毅不撓的心，就能開創生命的新境界，又何必沮喪、氣餒，硬要朝自己的腦袋開槍呢？

法國著名的大作家，《三劍客》、《基度山恩仇記》的作者大仲馬有一次和人發生嚴重爭執，雙方氣憤之餘同意用決鬥的方式來了斷恩怨。

這次的決鬥可謂別開生面，在一群公正人士見證下，大仲馬與對方用抽籤的方式來決定自己的命運，輸的人必須朝自己的腦袋開一槍。

抽籤結果，大仲馬不幸輸了，於是，他只好拿著手槍，臉色凝重地走進房間，隨手關上了門。

過了一會兒，槍聲響了，在場的衆人都認爲大仲馬已經開槍結束生命，於是搖頭歎氣地打開房門準備替他收屍，沒想到門一打開，大仲馬竟然一臉懊惱地走了出來。面對眾人露出狐疑的眼光，大仲馬若無其事地說：「說起來你們也許不相信，一向槍法神準的我，這次竟然失手了；連距離這麼近都射不中，眞是令人遺憾。」

大仲馬的這則軼事提醒我們，在人生的流程中，常常伴隨著一些不如人意的事情，即使你的運氣眞的很差，不幸「抽籤」輸了，可千萬別笨到朝自己的腦袋開槍。一般在象牙塔裡成長的年輕學生，生活領域非常狹隘，容易墜入形式主義，常常用學業成績優劣評價自己與別人。但是，這種評斷標準並不見得正確。一旦進入五光十色、多元化價值觀的社會，他們就會發現，現實社會評價一個人的標準太多太多了，而重視學校成績好壞的，可說絕無僅有。

人類社會之中只有獨樹一格，沒有所謂「永遠的第一名」。

那些在校園裡成績優越的學生，充其量只是比別人多一分聰穎或多一分努力，一旦進入競爭激烈的社會叢林，還是得重新「抽籤」，每個人都必須站在新的起跑點上，這些人事實上很難繼續保有以往的優勢和運氣，有的甚至被遠遠拋在時代潮流之後。

至於身體殘障，也是一樣的道理，只要你的志願不是當運動選手或靠勞力過活，對人生並不會產生太大妨害。科技時代的人類社會是腦力的競賽，而不是肢體的格鬥，一味誇大自己肢體的缺陷，進而否定自己，對人生感到悲觀，實在太不智了。

誠如全身殘障的名物理學家史蒂芬．霍金所說的：「身體已經殘障了，心理不能再殘障。」殘障人士要勇敢承認自己的缺陷，但是萬萬不能將它過度擴張，也不必過分在意，每天活在自憐自艾的牢籠；應該儘快找出自己的優點，對自己充滿信心，如此才能堅強渡過一生。

有位哲人曾說，上帝關閉你生命的某一扇窗，一定會再爲你開啓另一扇窗。事實也是如此，身體殘障往往會激發人的某些特殊潛能。

史蒂芬．霍金致力物理研究，以《時間簡史》一書揭開宇宙的神秘面紗，司馬遷遭宮刑而發憤作《史記》；孫臏被龐涓陷害，雙足被斷、臉受黥刺而寫《孫臏兵法》，成爲戰國時代最頂尖的兵法家；韓非口齒不清，遭李斯陷構下獄後，在獄中寫成振古鑠今的《韓非子》。

這些都是殘而不廢的典範。

法國英雄拿破崙天生個子比常人矮了一截，也算是一種缺陷，但是，他並未因此自暴自棄，反而憑著「身材輸人，志氣過人」的意志，成爲縱橫歐洲的歷史巨人。

事實上，許多殘障朋友長期以來在各個領域都有相當傑出的表現，常常讓身體健全的人自嘆不如。身體的缺陷、殘障，絕對不是邁向成功的障礙，充其量是「抽籤」的時候運氣差一點而已，只要保有一顆堅毅不撓的心，就能開創生命的新境界，又何必爲此沮喪、氣餒，硬要朝自己的腦袋開槍呢？

戰勝人性的弱點

你不是一個機器人，無須根據他人制訂的各種莫名其妙的規矩，糊里糊塗地渡過自己的一生。你應該更嚴格地審視這些條條框框，逐步控制自己的思想、情感和行為。

——俄國政治家列寧

別再認為自己是「豬頭」

「只有懶惰、不負責任、沒有理想、沒有志氣，才是人生真正的不幸」，從現在起，不要再認為自己是「豬頭」了。

通往成功的路上並不是沒有捷徑存在，只是這個捷徑並不是碰運氣得來的，而是別人認同你的努力之後，所給予的機會！

成功的關鍵，最終還是掌握在自己的手中，只有能戰勝自己惰性的人，才可能找到進入成功大門的鑰匙。因爲不論是好運或者是捷徑，它們都是在用心付出之後，才會獲得的成果。

英國新聞學家皮特患有相當嚴重的先天性弱視，有一天，一個平常不用功又喜歡搗蛋的學生，故意在課堂上問他：「視力、聽力、肢體殘障這三種缺陷中，您認爲哪一種最不幸？」

皮特知道這個學生故意要讓他難堪，不卑不亢地回答說：「這些缺陷都不會讓人不幸，只有懶惰、不負責任、沒有理想、沒有志氣，才是人生眞正的不幸。因爲，身體缺陷是可以用意志加以彌補、克服的，渾渾噩噩過一生的人才值得同情。」

在這個充滿失敗、挫折、幻滅的時代裡，許多人常常爲了自己沒多大出息而悲傷懊惱。六七十歲的人大嘆「紅塵荏苒，馬齒徒長」，四五十歲的人感慨「前半生如夢，後半生迷茫」，即使是十七八歲未經塵世風霜的慘綠少年，也常常爲了芝麻細事強說人生愁苦。

例如，有些成績不好的學生或身體殘障的人士，常常會垂頭喪氣，悲觀地說：「我的人生一片黯淡，已經沒有希望了。」

他們爲什麼如此沮喪？其實只不過是成績不好，以及生活、行動不太方便而已，實在有點庸人自擾。成績不好，對一個人的人格發展並無影響；身體殘障，也不會埋沒一個人的前程。這個世界上，成績比他們差、殘障程度比他們嚴重的大有人在，如果所有的人都這樣自暴自棄，眞不曉得這個世界會變成什麼可怕的模樣。

計較成績好壞，其實並沒有太大意義；許多享譽國際的著名人物，學業成績都不怎麼突出，甚至倒數有名。

例如，大發明家愛迪生在小學時代，曾經被老師視爲「頭腦癡呆到了極點」；科學家牛頓在班上的成績幾乎是最差的一位；法國大作家福婁拜在學生時代，連法文都不太認識；美國最負盛名的幽默作家馬克吐溫只有小學畢業；曾經當過八年美國總統的世界名將艾森豪，在西點軍校的成績，每學期都是C等。

此外，英國首相邱吉爾在學生時代根本無法適應學校生活，德國鐵血宰相俾斯麥還曾被學校掃地出門，發明蒸汽機帶動工業革命的瓦特，甚至沒過正規學校教育……

連這些大發明家、大政治家、名作家們尚且如此，更遑論其他行業的傑出人士了，至於運動界和娛樂界名人，在校成績慘不忍睹的例證，更是洋洋灑灑，多得不勝枚舉。

若是要論身體殘廢，名作家海倫．凱勒又聾又盲又啞；音樂家貝多芬小時候染患中耳炎，後來形成聽覺障礙，三十歲之後，幾乎完全聽不見；美國總統富蘭克林．羅斯福，因爲感染小兒痲痺症，雙腿不良於行；被全球物理學家譽爲「愛因斯坦第二」的史蒂芬．霍金患了肌肉萎縮症，全身除了腦神經細胞活躍之外，其餘部位都動彈不得。

這些人並未因爲身體殘障而自暴自棄，反而憑著堅強的意志努力奮鬥，終於在自己擅場的領域，獲得了超越常人的成功。

就像皮特所說的，「只有懶惰、不負責任、沒有理想、沒有志氣，才是人生眞正的不幸」，從現在起，千萬不要再認爲自己是「豬頭」了。

戰勝人性的弱點

尊敬偉大人物的最好方法，莫過於把他們的缺點視同美德一樣，仔細而認真地揭示出來。

——德國詩人海涅

別用「放大鏡」看自己的缺陷

人無法十全十美，難免會有若干缺點。千萬不要過分在意自己的缺陷，也不要以誇張的態度來注視自己的缺點。

春秋時代有位相馬名家叫九方皋，有次受秦穆公之託尋找罕世名駒。費了一番工夫，九方皋終於找到一匹千里馬，於是回報秦穆公。秦穆公很高興地問他：「先生，您找到的神駒是公馬還是母馬？是什麼顏色？」

九方皋想了一下，回答：「是一匹黃色的公馬。」

秦穆公聽了，興沖沖地隨九方皋前去看馬，卻發現他所謂的神駒，竟是一匹黑色的母馬，心裡十分生氣，便指責他：「什麼跟什麼嘛！這明明是一匹黑色的母馬，怎麼會是黃色的公馬呢？」

九方皋不以爲意地回答：「是黃色、黑色，是公馬、母馬，我是搞不太清楚，不過，我知道牠是一匹好馬。」

秦穆公半信半疑，於是派人試騎看看，發覺這匹馬奔騰如飛，疾若流星，果然是一匹罕世神駒。

另一位相馬名家伯樂知道這件事後，不禁讚歎地說：「九方皋眞是一位了不起的相馬名師，在他眼中只有好馬與劣馬的區別，根本懶得理會馬的性別與顏色。」

日本將棋界有所謂的「坂田流」，創始者坂田三吉是個超級大文盲，既不認識字，也絲毫不理會俗世的繁文縟節。除了下棋之外，他幾乎什麼都不懂，但是，他絲毫不感到自卑，也不理會別人的觀感，反而對自己身爲「日本第一棋士」感到驕傲，自由自在生活著。

坂田這個人根本不願意去認識字，對於食物的名稱也不想搞清楚，每次上餐廳，總會鬧些笑話。他常常帶著服務生到其他客人的桌旁說：我要這道菜；也常常在餐廳裡到處找尋自己喜愛的食物。除了下棋之外，他連菜名都懶得記。

坂田三吉根本不理別人如何批評，對本身的缺點也毫不在意，全心全意沉浸在自己的將棋世界，堪稱是一位特立獨行的人物。嚴格說來，他是日本第一棋士，也是現實生活中的「超級白癡」。

有趣的是，國際知名成功人物當中，不論科學家或藝術家，像坂田三吉這樣的「生活白癡」，竟然不在少數。

他們如癡如癲地生活在自己專精的領域，根本懶得理會生活中的瑣碎細節和俗世的一切批評；例如，愛迪生結婚不到一個小時就鑽進實驗室工作，牛頓把手錶當雞蛋煮，愛因斯坦常常忘了怎麼回家……只不過是其中的吉光片羽罷了。

貝多芬醉心樂曲創作，經常在街頭閒逛時尋獲靈感，高興得又叫又唱又跳，陷入恍惚狀態，有時還興奮得忘了自己到底是誰，而被路人當成精神病患，送進警察局。「世界童話之父」安徒生出身窮困，但是酷愛文學，爲了遍覽群書蒐集題材，不畏世人的鄙夷眼光，過著幾近行乞的流浪生活。

被讚譽爲偉人的成功者，了不起的科學家、政治家、企業家、音樂家、作家……

等，也差不多是這樣「我行我素」。他們不會拘泥於自己缺點，也不會在乎旁人如何議論，全神貫注於自己所擅長的事情上，因此，不會悲觀、失望、沮喪，反而充滿了信心，向自己預定的人生目標大步邁進。

人無法十全十美，難免會有若干缺點。千萬不要過分在意自己的缺陷，也不要以誇張的態度來注視自己的缺點；與其拿著放大鏡尋找自己的缺點，倒不如靜下心來仔細探討自己有什麼優點，人生要往哪個方向走。

如果不趕快糾正那種處處找自己麻煩的偏差錯誤心理，那麼，你的人生勢必是灰澀暗淡的。

戰勝人性的弱點

人應該從自身中看到一切都是美好而有價值的。世界非常空虛，我們必須從這種虛飾的外觀中看見自己的優點，使自己的靈魂生氣蓬勃。

——美國作家愛默生

你也可以發揮神奇的念力

為何不從現在起，在自己的心中凝聚一股積極的念力，讓生命轉個彎，幫助自己走上成功的道路呢？

人的生命可以無比堅強，使精神層次的影響力綿亙好幾世紀；人的生命也可以無比脆弱，轉眼之間就灰飛煙滅。

長年在非洲蠻荒地區行醫的史懷哲博士，就曾經親眼目睹過許多莫名其妙瞬間暴斃的例子，以下便是其中一則眞實的故事。

非洲某些部落沿襲著一種神秘的習俗——孕婦生產的時候，一定要讓她喝得醉醺醺，然後記下她在神智恍惚狀態中所說的話；不管她說的是什麼，都將成爲誕生嬰兒日後的禁忌。

嬰兒長大成人之後，一旦觸犯了自己與生俱來「宿命」的禁忌，必定會「遭到天譴」，暴斃而亡。

有一個土著將別人剛煮過香蕉的鍋子拿來煮其他食物吃。當時，並未發生任何異狀。不料，幾個小時後，這個土著得知鍋子剛剛才煮過香蕉，並未清洗乾淨，臉色立刻一陣慘白，全身不住痙攣，不久就一命歸陰。

原來，這個土著的禁忌就是吃香蕉。由於「絕對不可以吃香蕉」的禁忌長年深植在他腦中，因此一得知自己無意間觸犯了「致命的禁忌」，便心生恐懼而暴斃。

從史懷哲博士述說的這個例子，不難看出暗示的力量有可多麼可怕！

美國短跑女將喬依娜曾經在漢城奧運會中大放異彩，在一百公尺賽跑中締造十秒四九的世界紀錄，令其他各國短跑女將望塵莫及。她面對媒體記者暢談自己的成功秘訣時說：「我的成就，除了靠不斷努力之外，還靠神奇的念力。」

喬依娜說，每次比賽之前，她都會閉上眼睛禱告，並且用「精神顯像法」進行自我暗示。她說：「我在自己的腦海中，想像一幕幕賽跑的畫面，並且想像自己總是跑在最前面，把對手遠遠拋在後頭。」

「自我暗示」，其實是一種神奇的念力，能夠使身陷絕境的人產生無比堅韌的求生意志，也能輕而易舉置健康、正常的人於死地，威力之強大，不容我們忽視。

心理的疾病往往比生理方面的疾病更具摧毀力，但是，只要我們有心加以治療，透過「精神顯像法」，就能像喬依娜看到自己的最佳狀態，進而改變自己的人生。

既是如此，人何必向所謂的「宿命」低頭？

爲何不從現在起，在自己的心中凝聚一股積極的念力，讓生命轉個彎，幫助自己走上成功的道路呢？

戰勝人性的弱點

人的腦袋有時候那麼小，小得連容納智慧的地方都沒有；有時又那麼大，大得盡是空地而沒有智慧。

——英國作家托．富勒

每個人都有選擇成功的自由

富藍克說：「生命中，只有一種東西是不可被剝奪的，那就是自我的自由——在任何情況下選擇自己態度的自由，選擇自己獨特行為方式的自由。」

第二次世界大戰期間，納粹德國爲了研究「暗示的力量」，曾經在集中營裡進行過一項極不人道的實驗。

蓋世太保將兩名猶太人關進同一間牢房，然後將其中一名綁坐在椅上，割斷他的手腕動脈，讓血滴噴濺在地板上。

第一個猶太人在掙扎、嘶嚎聲中氣絕死亡之後，蓋世太保又將另一名目睹整個淒厲過程的猶太人綁坐在椅子上，準備「行刑」。不同的是，第二個猶太人眼睛被蒙上一條厚厚的黑布。

蓋世太保在第二個猶太人手腕劃上一刀，地板上隨即發出滴滴答答的聲音；這個猶太人開始死命掙扎、哀嚎，最後同樣氣絕死亡。

事實上，第二個猶太人的死因和第一個截然不同，蓋世太保只不過是用刀背從第二個猶太人的手腕劃過，然後故意在地板上滴水，讓他誤以爲是自己的動脈大量冒血。然而，他卻在死亡與恐懼的自我暗示下，和第一個猶太人表現出同樣的舉動，最後活活被嚇死。

國際知名的精神學家維克多·富藍克，曾經在二次世界大戰中被關進集中營，親眼目睹了許多囚犯一夜之間死亡。

經過長期仔細觀察後，他發現，這些囚犯表面上看來是死於斑疹、傷寒、瘧疾……等等疾病，但是，實際上是他們對未來的憧憬及生存意志崩潰了，肉體因而降低了對疾病的抵抗力，最後導致死亡。

因此，維克多·富藍克強調說：「生命中，只有一種東西是不可被剝奪的，那

就是自我的自由——在任何情況下選擇自己態度的自由，選擇自己獨特行為方式的自由。」

富藍克的這番話告訴我們，每個人都要保有選擇自己人生方向的自由，也都有選擇成功的自由；一個人面對人生的態度、行為不同，獲得的結果當然截然不同。

但是，在日常生活中，我們的鬥志和毅力，卻經常被負面的暗示力量一點一滴消磨而不自知。譬如，我們時常會說「我實在沒有能力完成」、「我根本不可能成功」、「我鐵定完蛋了」……

這些都是自我否定的暗示，反覆給自己這些負面暗示，鬥志當然會越來越薄弱，行事當然無法順利。這種做法，就如同每天向神佛禱告，祈求祂們儘量將失敗挫折加諸自己身上一樣，當然會招致夢想破滅的結果。

戰勝人性的弱點

世間並沒有所謂「命運」這個東西，一切無非是考驗、懲罰或補償。

——法國思想家伏爾泰

樂觀，會激發你的潛能

人的生理與心理是會相互影響的；越樂觀的人，身體就會越健康，也會比別人更幸運。

以前蘇聯有一個名叫馬貝福的心理學家，曾經敘述過類似以「念力」治病的例子。他在研究報告中指出，法國醫生馬契爾經常運用「暗示的力量」，治癒病患多年的痼疾。

馬契爾常常會煞有介事地對病人說：「最近，德國發明了一種特效藥，治療你這種疾病非常有效。」

過了一段時間，他又會對病人說：「我已經向德國訂購這種特效藥，不久就可以讓你服用。」

這些話往往讓病人充滿樂觀期待，精神爲之大振，相信不久這種新藥就可以治好自己的疾病。

又過了一段時間，馬契爾會告訴病人：「新藥已經送到了」，並且拿給患者服用。這些「德國來的特效藥」，通常都會達到預期的治療效果，病人們都有了顯著的好轉，有的病情減輕，有的甚至完全康復。

實際上，馬契爾只不過是給病人喝喝蒸餾水而已，然而，患者的生理機能，卻因爲暗示的力量而增強了數百倍。

激勵作家韋恩．戴爾在《你的潛能在哪裡》一書中說：「我們每個人的腦袋中都有一眼無限深沈的智慧之泉，它所含有的創造潛力，遠遠超過我們的想像。我們之所以會把泉眼蓋上，是因為我們害怕失敗，因為我們老是拿自己與那些被公認為偉人的人作比較。」

馬契爾用蒸餾水治病的例子告訴我們，人的生理與心理是會相互影響的；越樂觀的人，身體就會越健康，也會比別人更幸運。

因此，人必須經常保持積極、開朗的想法，遭遇愈困難的環境，愈要堅信「我必定可以克服」、「成功一定是屬於我的」。

唯有拋棄破壞性的暗示，改爲建設性的暗示，成功、勝利才有可能如願以償，降臨自己面前。

戰勝人性的弱點

在禽獸的世界裡，自然支配一切，而人則可以支配本身的動作。禽獸根據本能決定取捨，而人則通過自由行為決定取捨。

——法國思想家盧梭

別讓想法決定你的性格

「任何目標，按照自我暗示的原理，深深地印在你的潛意識裡，它將會自動成為一項計劃或藍圖、一股看不見的力量，把你的一切努力引向成功的目標。」

義大利文藝復興時代的大畫家拉斐爾，曾經畫了一幅聖母瑪利亞抱著聖子耶穌的畫像；瑪利亞的右下方是個老人，左下方是個使女，正下方則是兩個長著翅膀的小天使。

有人問拉斐爾如何畫出這麼莊嚴美麗的作品，他回答說：「我做了許多夢，我只是照著我的夢去作畫。幻想可以讓人見到平常看不見的事物，意志則可以將這些看不見的事物變成實體。」

著名的激勵作家拿破崙．希爾，原本只是一個靠勞力謀生的礦工。

有一天，他突然想改變自己的生活，立志成爲一個世界知名的作家，於是發憤圖強開始認眞寫作，並在打字機前掛著一牌字：「每一天，我都將在各方面獲得最大的成功。」

後來，拿破崙．希爾果眞搖身一變，成爲國際知名的激勵大師。他以自己的驚人轉變爲例，說道：「任何目標，按照自我暗示的原理，深深地印在你的潛意識裡，它將會自動成為一項計劃或藍圖、一股看不見的力量，把你的一切努力引向成功的目標。」

通常，我們腦海裡都潛藏著「我缺乏信心、耐心」、「我的意志薄弱」或「我經常猶豫不決、優柔寡斷」這類自我否定的想法，行事才會虎頭蛇尾、黯淡消極，輕易原諒自己的怠惰。

一般說來，有什麼樣的想法，就會演變成什麼樣的事實。

一個經常認爲自己懦弱無能的人，最後必然成爲懦夫；一個不想有任何作爲的人，最後當然一事無成。

心理學者大都肯定地認爲：「一個人意志力的強弱，完全緣自於他的自我暗示是正面的還是負面的。」

的確，虎頭蛇尾型的人，心中泰半充滿「意志薄弱」的自我暗示。其他，諸如注意力無法集中、意氣消沉……等性格，情形也是一樣，都是由於消極的自我暗示，造成了消極的性格。

一旦自我暗示的內容改變，人的性格也會隨著改變。

就像拉斐爾所的，「幻想可以讓人見到平常看不見的事物，意志則可以將這些看不到的事物變成實體」，如果，我們將以往消極的自我暗示拋棄，轉而強化開朗、積極的思考能力，在自我意識中孕育出豁達而具建設性的想法，自然可以形成堅強而開朗的性格。

人的一生難免會遇到各種負面批評以及打擊，唯有更加堅強努力地改變自己，才能夠扭轉自己的命運。

不管遭遇多少打擊，只要努力不懈，就會有成功的希望。但是，如果你因承受不了壓力而退縮，那麼你就連一點點成功的可能都不存在了。

戰勝人性的弱點

生命本身是一張空白的畫布，無論你在上面怎麼畫都可以，你可以將痛苦畫上去，也可以將完美的幸福畫上去。

——奧休

如何快樂改造自己的性格

倘使你受夠了自己的窩囊模樣，想要改變自己的性格，就必須立刻拋棄往日那種懦弱、灰澀且否定的自我暗示。

沒有什麼事要比喪失自信更嚴重的了！「意志薄弱」則是導致一個人喪失自信的重要因素。一個意志堅強的人，不但能帶給自己信心，也會影響他人的心理層面，也唯有這樣的特質，才能自己獲得更多成功的機會。

促成德意志帝國統一的「鐵血宰相」俾斯麥，小時候意志薄弱、好吃懶做而又膽小怯懦，但是，長大之後，他卻出人意表地變成一個意志無比剛強、睥睨群雄的政治強人。

他在談及自己性格改變的原因時強調：「只要將習慣性的想法改變，性格自然也就跟著改變。」

也就是說，只要將自我暗示的內容改變，就能夠改變自己的性格。從前，俾斯麥那種畏畏縮縮、裹足不前的性格，乃是由膽小怯懦的自我暗示所造成，而後來，他那鋼鐵一般的果敢性格，則是經由鋼鐵般堅強的自我暗示所促成。

作家摩根在《充分利用人生》一書中說：「在人生旅程中獲得成功的人們，往往都是從一個不好的起點開始，或者經歷過大災大難。正是夢想的召喚，使他們勇往直前，把危機變成轉機，終於獲得成功。」

人的性格並非與生俱來的，而是受到習慣性的想法，以及日積月累的自我暗示所形成。

因此，倘使你受夠了自己目前的窩囊模樣，想要改變自己的性格，就必須像俾斯麥一樣，立刻拋棄往日那種懦弱、消極且否定的自我暗示，並且用堅強、開朗又具有建設性的自我暗示加以替代。當這種全新的自我暗示成型之後，自己所冀望的性格就會浮現。

或許，以往那種習慣性的想法，已經根深蒂固深植在你腦海，短時間之內無法改造，但是，只要你肯持之以恆不斷暗示自己，這種改造性格的方法，最後一定可以成功。

戰勝人性的弱點

我們為他人生活已經過多了，讓我們為自己生活吧！讓我們的思考和注意返向我們自己！世界上最偉大的事情，即是去學會皈依自己。

——法國思想家蒙田

你知道自己為什麼很懶惰嗎？

如果，你像馬克吐溫一樣，一開始就知道自己很懶惰，那麼，何不趕快找出自己喜歡做的正當事，認真去做呢？

人的「困境」常常是自己製造出來的。不論你現在所處的環境多麼令你無法忍受，只要你願意，你就可以改變你的處境。

環境的優劣只佔成敗小小的一部份而已，如果連自己都不願意幫助自己改變，那麼，即使旁人有心幫忙，結果也只是徒勞無功而已。

美國幽默作家馬克吐溫年輕的時候，曾經在舊金山一家報社工作，六個月後，總編輯把他叫進辦公室，告訴他從明天起不用來上班了。

馬克吐溫問總編輯究竟是什麼緣故要炒他魷魚，總編輯生氣地回答說：「因爲，我發現你實在太懶惰了！」

馬克吐溫聽完，笑著說：「原來是這麼回事，你經過六個月才發現我很懶惰，其實，這點，在進報社的第一天，我就知道了。」

說完，馬克吐溫收拾了自己的物品，瀟灑地離開報社。

人大都好逸惡勞，耽溺於物質層次的享樂，嗜慾如猛火，權勢似烈焰，但是，追求目標之時，一遇到困難或瓶頸就會萌生退意，在腦海裡編造各種藉口，輕易地原諒自己。

「我做事情總是虎頭蛇尾，常常半途而廢」、「我總是只有三分鐘熱度，做事不能有始有終」……；在這個四十多億人口的地球上，像這種意志力薄弱而且自我嫌惡的人，至少高達百分之八十以上。或許，你正是這種厭惡自己、意志力薄弱的人。

譬如，年輕的時候，你常常下定決心「從今天開始努力用功讀書」，然後採取了許多措施激勵自己，或是在牆上貼了一大堆醒目的標語，或是將桌椅的方位來個乾坤大挪移，或是主動要求別人「鞭策」、「處罰」，但是，這些方法總是維持不了三天就無疾而終。

地球還是不停地自轉，你還是原來懶惰的你。

工作方面也是一樣，或許你一直夢想找一分可以打混摸魚、薪水又高的工作，因此每到一家公司上班，就會對繁瑣無聊的工作感到厭煩，不久就辭職不幹或者乾脆不告而別，飽受親友非議批評。

但是，仔細想想，就算你是個做事只有三分鐘熱度的人，也必定有幾件事令你沈迷不已，而且樂此不疲。譬如，打牌、打球、喝酒、唱歌、上網玩遊戲、看漫畫、玩電動玩具……

從這些現象，我們可以領悟出一個道理，有些時候做事情無法持之以恆，不僅是意志強弱的問題，更重要的關鍵是——自己喜不喜歡做。

做自己喜歡做的事自然可以持久，否則當然會虎頭蛇尾。

英國思想家洛克說：「人如果能恢復本身的信心，並且按照自己的選擇，來停頓或繼續，來開始或者止息內在的思想和外在的運動，那麼，他就是一個自己的主體。」

如果，你像馬克吐溫一樣，一開始就知道自己很懶惰，那麼，何不趕快找出自己喜歡做的正當事，認眞去做呢？

戰勝人性的弱點

每一個人的心中都有一隻老虎、一頭豬、一匹驢子和一隻夜鶯；正是牠們四者活躍程度的不同，造成了人與人之間的性格差異。——安・比爾斯

07

夢想破滅，才是希望的開始

當你在人生旅途嚐到失敗的苦果，
千萬不要就此意志消沈，一蹶不振，
應該更加警惕，勉勵自己樂觀豁達。
因為，那些讓你跌倒的絆腳石，
也可能變成你邁向成功的墊腳石。

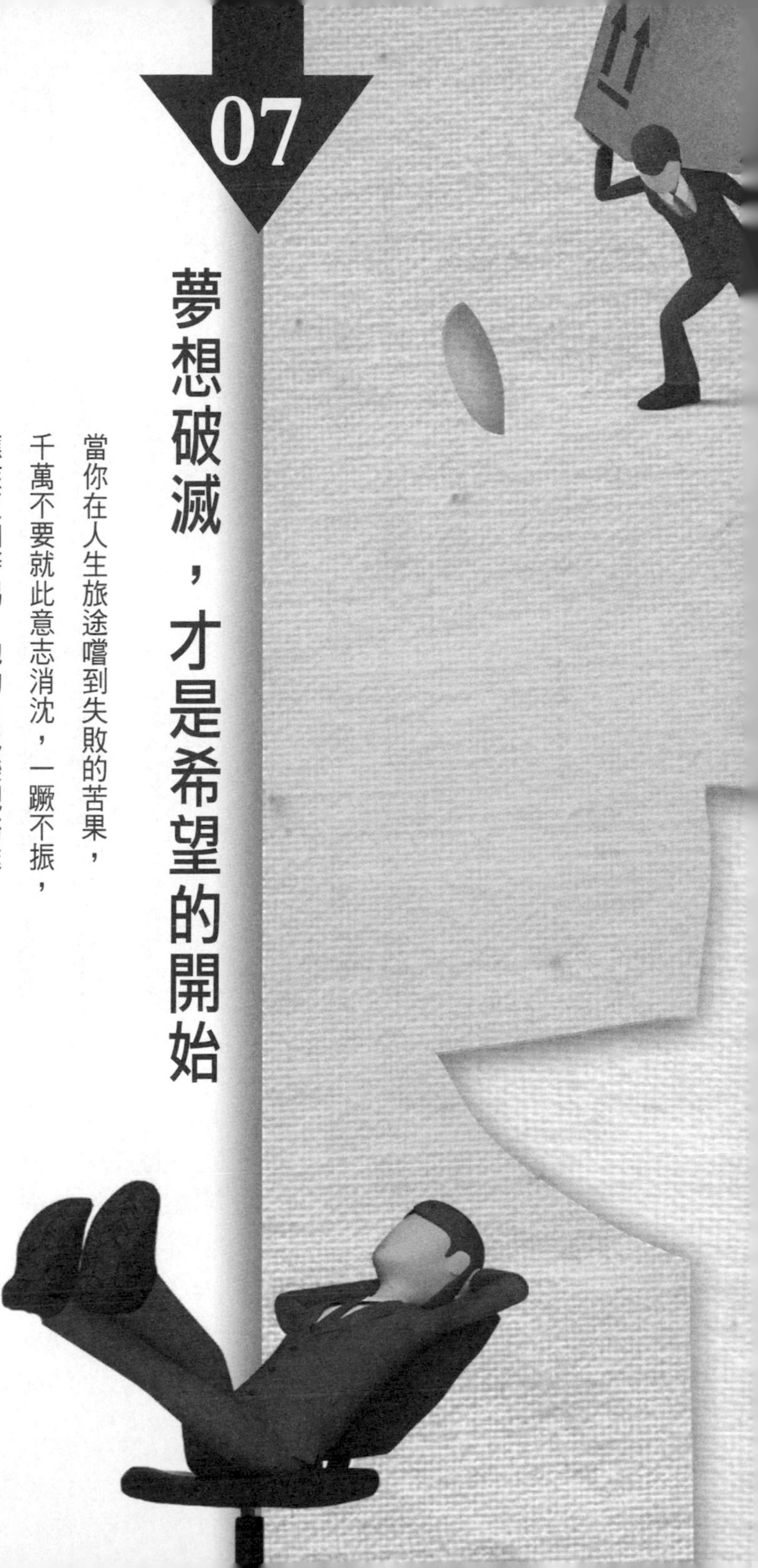

你用什麼心態面對失敗？

面對失敗的處理方式不同，「失敗」本身的意義也會有所不同。將逆境視為自我蛻變的成長過程，最後才能像蝴蝶一樣破蛹而出，翩然翔舞。

人的生活不可能總是一帆風順，每個人都可能有陷入低潮或遭遇失敗的時候，只有在遇到逆境時仍然能保持信心的人，才是眞正具備成功特質的人。

因爲，唯有保持信心，才能得到幸運之神的眷顧；也唯有保持信心，才能讓自己獲得峰迴路轉的機運！

一九一四年底某個冬夜，愛迪生位於紐澤西州的工廠突然失火。熊熊大火吞噬了價值兩百萬美元的設備，以及愛迪生畢生的研究心血。

愛迪生的兒子查理士擔心他來不及逃離火海，慌張地在火場四周找尋。後來，查理士發現，愛迪生動也不動地站在火場不遠處觀看火景，臉龐被大火映得通紅，滿頭散亂的白髮在寒風中飄動。

當年，愛迪生已經六十七歲了，一生的心血卻在一夜之間付之一炬。查理士害怕他承受不了這種嚴酷的打擊，於是趨前輕聲安慰。

不料，愛迪生卻對他說：「你母親在哪兒？趕快找她來！她這輩子恐怕還沒有看過這麼壯觀的場面呢！」

愛迪生這種豁達開朗的性格，正是一個成功者不可或缺的條件。

由於他能迅速將突如其來的失敗和災厄拋在腦後，才能在花甲之年仍舊不斷發明出新產品。

豐臣秀吉年輕的時候，曾經在一家油舖工作，由於待人殷勤，處事機靈，深獲老闆賞識，打算把油舖交給他經營。

不料，某天半夜，慘劇突然降臨，有一群強盜闖入油舖打劫，殺死了老闆，並且放火燒掉店鋪。

豐臣秀吉非常悲傷，一個人坐在滿目瘡痍的店鋪前啜泣，附近的店家覺得他很可憐，打算僱用他當伙計，沒想到豐臣秀吉卻搖搖頭拒絕。

他說：「這件事對我來說，並不是很嚴重的打擊，也許是天意如此，要我去別的地方闖蕩。」

這可能就是豐臣秀吉的天性——不管遭遇什麼不幸、變故，都不會沉緬於失望與悲哀之中，而將之視爲一個全新機運的開始。

英國作家比徹曾經寫道：「是挫敗使骨頭變硬，是挫敗使骨頭發揮潛力，是挫敗使人變得不可征服。」

的確，面對失敗的心態和處理方式不同，「失敗」本身所代表的意義也會有所不同。

病痛、窮苦、失敗……等逆境，常常會造就不世出的天才與英雄。

遭遇挫折，要有承受挑戰的信心，將逆境視爲自我蛻變的成長過程，最後才能像蝴蝶一樣破蛹而出，翩然翔舞。

戰勝人性的弱點

人心，實在是一種自由奔馳的東西，不論發生什麼困難，都會有很多想法產生。只要再多想一下，就能一轉而為海闊天空的瀟灑自在心境。

——日本經營之神松下幸之助

自己何必勉強自己

不管你的意志多麼堅定，面對不喜歡的事務，還是會含糊應付；不管你再怎麼懶惰、沒耐性，還是會有某些讓你迷戀不已的事物。

法國名劇作家莫里哀從小就非常喜歡戲劇，到了如癡如狂的地步，大學還沒唸完就四處向親友借款，籌組了「光耀劇團」，以自編自導的方式開始了他的戲劇生涯。三年之後，莫里哀負債累累，由於還不出錢，被債主們送進監獄，幸虧一位朋友出面作保，才得以獲釋。

出獄之後，莫里哀仍熱衷於戲劇，帶著劇團成員四處演出，由於入不敷出，只得變賣所有可以換錢的東西，一群人過著艱鉅的流浪生涯，平日三餐不繼，晚上常常睡在草棚裡。

這種困苦的生活非但沒有動搖莫里哀對戲劇的熱衷，反而使他更加努力錘鍊自己的劇本創作和演出技巧。經過長達十二年的煎熬，莫里哀的「流浪劇團」終於獲得民衆肯定，遠近馳名，於一六五八年受邀回巴黎皇宮，在法王路易十四面前演出。這次成功的演出，終於使他躍居爲舉世聞名的喜劇大師。

在豐田（Toyota）公司搖搖欲墜之際出任社長的石田退三，曾經被日本工商界公認爲「具有鋼鐵般堅強意志」。然而，即使是像他這種稱得上堅忍卓絕的人，對於自己不喜歡的工作，也無法長久做下去。

石田退三大學畢業之後，起初在一所鄉下小學服務，但是，一個學期之後，他就辭職不幹了。單調枯燥的教書生活，使得他身心厭倦。後來，他到東京一家商店任職，可是生意人之間的虛僞酬酢，又使他厭煩不已。一年之後，他悵然若失地回到故鄉，受盡旁人冷嘲熱諷。大家都說他好高騖遠，做事沒有耐心，於是，他陷入自我嫌惡的苦惱之中。

也許因爲這段心路歷程的緣故，他曾經語重心長地說：「人只要做自己喜歡做的事情就可以了。勉強去做不喜歡的事情，即使再怎麼努力，也是無法維持長久。」

相信大家都有過類似的經驗和感受——不管你的意志多麼堅定，面對不喜歡的事務，還是會含糊應付；不管你再怎麼懶惰、沒耐性，還是會有某些讓你迷戀不已的事物。

既然如此，又何必勉強自己去做不喜歡做的事呢？何不效法莫里哀和石田退三的方式，專心一意去做自己想做的事？

或許，你必須因爲這個選擇而面對艱困的日子，但是，只要持之以恆，就會像「流浪劇團」一樣，終究有衣錦榮歸的一天。

戰勝人性的弱點

人生有兩大目的：一是得到想要的東西，二是享受得到的東西。只有最聰明的人才能達到這兩個目的。

——史密斯

「半途而廢」是成功的必經過程

人不必因為自己做事虎頭蛇尾而沮喪悲傷，應該儘快尋找自己喜愛的工作，或者從工作之中挖掘樂趣。將自己的興趣融入工作之中，心中自然會不斷湧出新的慾望。

創辦慶應大學的日本大思想家福澤諭吉出身舊式武士家庭，從小就必須勤練劍術，可是，不論他再怎麼下定決心苦練，劍術都無法精進，因此，常常藉機偷懶、開小差。

但是，若要他鑽研學問，即使通宵達旦、不食不眠，他也樂在其中。據說，他曾經關在書房十天，廢寢忘食地翻閱書籍。

愛迪生和牛頓也不例外。他們小時候，不但做事無法持之以恆，連功課也懶得做，頂多做個兩三天應付應付，就又停止了。

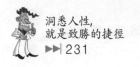

表面上看來，他們和懶惰蟲差不多，但是，牛頓做各種機械模型時的毅力，實在令人驚服。同樣的，愛迪生進行各項發明研究時，那種日以繼夜、持續幾十個小時的精神，也足以令人自嘆不如。原因無他，因爲這是他們熱愛的工作。

很少人知道，牛頓曾經當過兩年英國國會議員。由於這不是他的興趣所在，自然想盡辦法逃避。他很少出席議會，在國會幾乎沒有發言過，也未曾留下任何痕跡和影響。

唐朝貞觀年間，律例規定凡是私自出國的人處以極刑。無法取得官方度牒的玄奘法師，卻寧願冒著生命危險私出玉門關，曉行夜宿歷盡風霜，到天竺帶回大乘佛經，前後耗費了十八年光陰。

這當然是玄奘對於弘揚佛法，充滿著超越常人的狂熱和使命感，因此置個人生死於度外，不畏任何艱難。

前述的幾個例子告訴我們，人大可不必因爲自己做事虎頭蛇尾而沮喪悲傷，而是應該儘快尋找自己喜愛的工作，或者從工作之中挖掘樂趣。

因爲，一旦你將自己的興趣融入工作之中，心中自然會不斷湧出嶄新的慾望。

如此一來，既可發揮自己的潛能，又不會再嫌惡自己老是半途而廢，工作自然能持續十年、二十年……

戰勝人性的弱點

人可以得到類似諸神的幸福，人的幸福來自於自己的思想。沒有任何動物是幸福的，因為牠們決不會思考。

——古希臘哲學家亞里斯多德

沒有慾望就沒有希望

想要在人生逆旅獲得成功，除了堅忍不拔的毅力之外，還必須具備雄心壯志，亦即龐大的慾望。沒有慾望，就沒有希望。

慾望是成功的入場券，放棄自己的慾望，有時候就等於放棄成功的機會。如果你嘗試過追尋自己的夢想，就算結果是失敗的，至少你會因爲已經做過自己眞正想做的事，而感到心滿意足，不會讓自己的人生留下遺憾；而且正因爲你嚐過失敗的滋味，所以比別人更有機會邁向成功。

日本戰國英雄織田信長年少的時候，就擁有統一天下的龐大慾望，但是，由於平日言行離經叛道、荒誕無賴而視譏笑是「尾張大傻瓜」，織田家上下都認爲他是個扶不起的阿斗。

他的父親織田信秀去世之前，曾經一度和柴田勝家等重臣商議，打算廢立織田信長，由他的弟弟信行繼承藩位。

織田信秀面色凝重地說出這項計劃，誰知織田信長竟然一臉無所謂的表情，蠻不在乎地說：「那又何妨？就讓信行繼承吧！反正我終究會憑著自己的實力，奪下所有我想要的城池。」

織田信長懾人的氣勢，讓織田信秀和衆家臣心裡一震，廢立的意念有點動搖，懷疑以前是否錯估他了。

織田信秀問信長：「你的志向是什麼？」

信長哈哈大笑，揶揄地回答：「您說，我會成爲尾張大無賴終其一生，或者是成爲日本大英雄統一天下？」

織田信秀和家臣們一向以征服尾張八郡爲終極目標，從來沒夢想過統一日本，聽了織田信長石破天驚的狂言，內心震愕不已，個個呆若木雞，啞口無言，目不轉睛地重新打量眼前這個狂妄少年。

織田信長嚴肅地對織田信秀說：「以父親您的慾望和才能，充其量只能取得尾張一國。您有二十五個兒子，不管賢能愚劣，每個人都可以繼承一座城池。事實上，他們的慾望也僅止於此，每個人都打算固守自己的城池終老一生。但是，我不會滿足於當一城之主或一國之大名；我的野心是掌握全日本，號令天下。」

織田信長擁有龐大的野心驅策，所以能從「大傻瓜」、「大無賴」變成「大英雄」，在日本戰國時代稱霸群雄。

人生因為慾望而充滿了機會，也因為慾望而充滿了失望。

當你擁有龐大的慾望，遭遇挫折的時候，才會將逆境視為自我磨練的成長過程，最後才能像蝴蝶一樣破蛹而出。

想要在人生逆旅獲得成功，除了堅忍不拔的毅力之外，還必須具備雄心壯志，亦即龐大的慾望。

記住，沒有慾望，你的人生就沒有希望。

戰勝人性的弱點

建立自我就是以自我為依歸，而不隨俗浮沈，與世俯仰；不以眾人的意見為意見。如此，你將會看到過去認為的黑暗世界，其實是人間樂園。

——日本作家夏目漱石

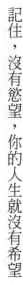

慾望可以擊潰「無敵艦隊」

如果你動輒抑制自己的慾望，那麼，你的人生和成長動力都會因而停頓，個性也會被扼殺。你的慾望一降低、減弱，也許就會變成消極懶散的人。

十六世紀末期，英國向海外推動殖民政策時，遭遇了海上霸權強國西班牙的強力阻撓。

當時，西班牙擁有一支縱橫七海的「無敵艦隊」，靠著船堅砲利在海上橫行無阻。英國想要構築「日不落帝國」的夢想，首先必須消滅「無敵艦隊」。

於是，英國女王下令：「不管用什麼方法，花多少經費，都必須徹底將無敵艦隊殲滅！」

「無敵艦隊」擁有一百二十八艘戰艦、殺人石彈砲二千四百三十門，水手兩萬多名，英國便處心積慮針對「無敵艦隊」的種種優點加以超越。

幾年之後，英國終於建造了一支擁有一百九十七艘戰艦、配帶六千五百門鐵砲的艦隊，正式向「無敵艦隊」宣戰。

經過一番窮追猛打，「無敵艦隊」終於被擊潰，成了歷史名詞，英國也順利取代西班牙，成爲不可一世的海上殖民霸權。

人類本來就是充滿慾望的動物，體內有著無數的慾望不斷激盪翻滾，譬如權慾、名慾、利慾、食慾、性慾、佔有慾、支配慾，以及想成爲偉人，想獲得成功，想過奢華的生活，想自由自在生活……

事實上，慾望就是人類動力的根源。

秦始皇併吞六國是慾望，項羽想取而代之也是慾望；孔子周遊列國推銷自己的仁道思想，又何嘗不是一種龐大的慾望？

當然，有些慾望和社會善良風氣不符，有些只是動物性的劣等情慾，但是，慾望既然是人類活力的泉源，我們就不應該以違反社會風氣爲由，輕易地禁止、壓抑，而是設法將這些慾望轉換或昇華爲更高的精神層次。

一旦喪失了慾望，人類極可能倒退回洪荒時代。

如果你動輒抑制自己的慾望，那麼，你的人生和成長的動力都會因而停頓，個性也會被扼殺。

你的慾望一旦降低、減弱，也許就會變成消極而懶散的庸人。

古書有言：「謂己薄名利，輕貲財，均假冒偽善者流。圖以己之高峻，責人之膚厚，實與吾輩相差不可以道里計。」

意思是說，那些自稱慾望淡薄的人，其實都是既虛僞又怯懦的傢伙。他們責備別人的慾望太高、不切實際，而自命清高，只不過是藉此沽名釣譽罷了，和那些勇於表達慾望的人相比，他們的人品實在差得太遠了。

就像英國想取代西班牙成爲海上霸主、建造「日不落帝國」一樣，人應該擁有比自己現況更高、更遠大的慾望才行，同時，還應該去體認慾望本身的積極意義，這樣的人生才會持續散發出熱情和活力。

一般來說，出身貧寒的人，如果懷抱遠大志向，通常會爲了追求自己的慾望，在現實生活中力爭上游，最後功成名就；而大部分的紈褲子弟，則是缺乏遠大而正面的慾望，滿足於現狀，沉溺酒色財氣等低劣慾望之中，最後落得家破人亡。

戰勝人性的弱點

人生下來不是為了抱著鎖鏈，而是為了展開雙翼；我要幼蟲化成蝴蝶，我要蚯蚓變成活的花朵，而且飛舞起來。

——法國作家雨果

「慾望」左右人生的方向

慾望是邁向成功的入場券。不管你的慾望卑微或者偉大，它都將推促著你走向自己的人生。

二十世紀最偉大的發明家愛迪生之所以孜孜不倦於發明，原因在於他想坐享千萬財富，因此靠著自己的腦力和努力，不斷嘗試新的發明。

愛迪生曾經說，他「絕對不發明沒有商業價値的東西」。就是這股龐大的慾望，使得愛迪生「將美鈔和科學完全混和在一起」，成了讓全界都豎起大拇指的發明大王。

被日本人讚譽爲「醫聖」的野口英世曾經說過：「對我而言，求學問只是一項藉以揚名立萬的投機工作而已。要是我辛辛苦苦從事研究，但卻沒有獲得顯赫的聲譽，我一定會失望得自殺。」

研究學問，並不是野口英世眞正的理想，他所渴望的是成爲舉世聞名的偉人。他學醫的目的，並不是要拯救那些病痛纏身的人，而是要藉此滿足本身的名慾和優越感而已。

他一生最大的願望是成爲「醫界的拿破崙」，也因此，最後他選擇了犧牲生命換取名聲。

只要翻閱美國商業史，我們不難見到某些富可敵國又惡名昭彰的財閥，經常口出豪語說：「我要用雙手抓盡世界的財富。」

這是因爲，他們有超乎常人數百倍的物質慾望，所以爲了金錢能屈能伸，無視世人的非議，巧取豪奪創立了一個又一個龐大的財團，如滾雪球一般累聚自己的財富。

歷史學家D·修姆說：「慾望是鞭策歷史演化的動力。」許多成功人士也常常露

骨地說：「我有許多貪慾，因此，我拼命工作。」

由此可知，一個人所懷抱的慾望愈大，就會愈努力去學習，愈勤奮去實踐自己的夢想。

從積極而正面的角度來說，只要不作姦犯科、違法亂紀、傷害別人，人類的慾望應該愈多愈大愈好。

如果你想成爲政治家，那麼，你必須先懷有參與政治的慾望，如果你鍾情於演藝生涯，就需先擁有做影歌星的慾望，如果你想成爲億萬富翁，就必須擁有貪得無饜的慾念。

只有一心想成爲作家的人，才會日以繼夜絞盡腦汁拼命寫作，也只有一心想成爲教育家的人，才可能安安分分從事教育工作，不會打著教育改革的旗號四處亂秀，希望藉此謀得一官半職。

慾望是邁向成功的入場券，不管你的慾望卑微或者偉大，它都將推促著你走向自己的人生。

沒有慾望，人將失去奮鬥的方向，像無舵之舟隨波逐流，終致一事無成，黯黯淡淡渡過一生。

戰勝人性的弱點

人生沒有任何真正的價值，只是由「需要」和「幻想」支使活動。這種運動一旦停止，生存的絕對荒蕪和空虛便表現出來。

——德國哲學家叔本華

盡情揮灑自己的「劍法」

強制壓抑自己興趣和慾望的人，很難獲得傑出成就；只有去做自己喜歡或想做的事情，才能讓一個人的潛能盡情發揮。

日本「無住心劍流」的創始者針谷夕雲，被公認爲江戶時代最厲害的劍客。據說，他的劍法已經到了登峰造極、出神入化的境界，成名之後，再也沒人可以看清楚他的劍是如何出鞘、入鞘。

針谷夕雲被譽爲一代劍神，但是，童年時代的他卻相當笨拙，連碗筷都拿不穩，更別提握劍了。

原因就在於，他是一個左撇子，卻在莫名其妙的世俗約制下，被強迫使用右手，自然什麼事都做不好。

長大之後，針谷夕雲逃離了右手本位的形式主義社會，浪跡日本各地，盡情使用左手，終於創造出獨特的左手劍法。

弗洛伊德的學生、奧地利著名的心理學家阿德勒，是最先提出「自卑感」這個名詞的人。他曾指出，在右手本位的社會裡，左撇子經常懷有強烈的自卑感，「精神官能症患者、罪犯、自殺、性情乖僻的人當中，左撇子佔了相當高比率」。

這是理所當然的現象，試想，一個人擅長、喜歡的工作方式，和社會大眾格格不入，甚至被強迫矯正，去適應右手人的社會，心理將會如何不平衡，人生又會跌入什麼樣的深淵？

左撇子對於阿德勒的說法，應該會有相當深刻的感觸。

左撇子被強迫使用右手，不但會造成學習障礙，更容易造成性格上的灰澀、退縮，覺得人生盡是悲哀與痛苦；只有讓他們自由自在地使用左手，才能像針谷夕雲一樣揮灑自如。

人生也是如此，強制壓抑自己興趣和慾望的人，很難獲得傑出成就；只有去做自己喜歡或想做的事情，才能讓一個人的潛能盡情發揮。

戰勝人性的弱點

總有一天，你會遇見自己內心的生命，遇見隱藏在生命中的歡愉，儘管時間用它懶散的灰塵蒙住了你的道路。

——印度詩人泰戈爾

試著去做自己討厭做的事

某位知名的數學家曾經說過：「只要認真去做某件事，你一定會逐漸喜歡上它。」試著去做自己不喜歡做的工作，或許你會漸漸喜歡上它也說不定。

當你在開口閉口抱怨眼前的際遇之前，不妨先停下來好好想一想：「這樣子抱怨，究竟有沒有用呢？」

如果答案是否定的，那麼不如把抱怨的時間節省下來，開始去尋找改善的方法還比較有意義。

曾經獲得芥川獎的日本作家森敦，成名之前是一個朝九晚五的上班族，在一家印刷公司任職，每天面對嘈雜的機械和糾纏不清的客戶，常常感到苦不堪言。

但是，爲了家庭生計，他又不能率性辭去這份工作，只好勉強自己幹下去，混一天算一天。

森敦常常利用上司不注意的時候翹班，順手拿著公司印製的書籍溜到咖啡廳打發時間。

久而久之，他竟然產生了濃厚閱讀興趣，繼而以自己從事圖書印製業爲榮，開始熱愛工作，立志印製最精美的雜誌、圖書。

後來，森敦更嘗試著寫作，利用上下班時間，在擁擠的列車上一點一滴寫下作品，終於一夕成名，晉身作家行列。

森敦成名之後並未辭去印刷公司職務，因爲他熱愛寫作，同時也熱愛自己的工作。這樣的結果，自然是當初對工作滿腹牢騷的森敦無法預知的。

前文一再強調，千萬不要從事自己不喜歡的行業，因爲，面對不喜歡的事物，不管再怎麼努力，通常只能勉強持續一段時日，最後多半徒勞無功。

雖然大家都知道這個道理，但是，現實人生未必能盡如人意，有的時候，不得不去做自己討厭的工作。

中小學生的功課就是最好的例子，雖然心中有千萬個不願意，卻又不能不做。相信大多數人在求學過程都有過這樣的經驗——實在不喜歡做功課，可是卻偏偏由不得你不做。

朝九晚五的薪水階級也是一樣。只有極少數工作狂會對自己的工作感興趣，絕大多數人，都會對每天一大早就得起床上班大發牢騷，尤其是寒風刺骨的冬天早晨，這種爲了五斗米折腰、無可奈何的心境，更加讓人沮喪，充滿挫折感。

強迫自己從事厭煩的工作，到頭來一定會懊惱不已，嚴重時甚至毀了自己。可是，不去上班工作，生活經濟又會陷入立即而明顯的危機。

在這種情況之下，既不願承擔失業風險，又想好好發揮自己的能力，應當怎麼辦呢？

這時，除了設法將厭惡轉變爲喜愛之外，再也沒有更好的方法了。

某位知名的數學家曾經說過一個簡單的道理：「只要認真去做某件事，你一定會逐漸喜歡上它。」

確實，試著去做自己不喜歡做的功課，或是討厭的工作，或許你會漸漸喜歡上它也說不定。

如果，你想要在厭煩的工作上發揮自己的能力，不妨試試這個方法。

戰勝人性的弱點

危險、懷疑和否定之海，圍繞著人們小小島嶼，而信念則鞭策人，勇敢面對未知的前途。

——印度詩人泰戈爾

夢想破滅才是希望的開始

倘若你的「淘金」夢想破滅了，千萬不要過度失望，更不要沈浮於失敗的迷夢。應該把失敗當作「幸運的開端」，而不是「悲慘的結局」。

十九世紀中期，美國西部掀起一股淘金熱潮，大做「淘金夢」的人群從世界各地匯聚到此，一個名叫李維·史特文生的德國人，也千里迢迢跑到加利福尼亞州試運氣。

但是，李維·史特文生的運氣似乎相當背，儘管拼命淘金，幾個月下來卻沒有任何收穫，使他懊惱地認爲自己和金子沒緣分，準備離開加州，到別地另謀生路。

就在他萬分沮喪之際，猛然發現一個現象，那就是所有淘金客的褲子都由於長期磨損而破舊不堪，於是，他靈機一動：「並不是非得靠淘金才能發財致富，賣褲子也行啊！」

李維立即將手邊剩下的錢買了一批褐色的帆布，然後裁製成一件件堅固耐用的褲子，賣給當地的淘金客，這就是世界第一批牛仔褲。後來，李維又細心將牛仔褲的質料、顏色加以改變，締造了風行全世界的「李維牛仔褲」。

美國著名漫畫家羅勃．李普年輕時熱衷體育運動，最大的夢想是成爲大聯盟職棒明星。可是，當他如願以償晉身大聯盟，第一次正式出賽就摔斷了右手臂，從此與棒球絕緣。

對羅勃．李普來說，這無異是人生最殘酷的打擊。然而，他很快就擺脫了失敗的噩夢，轉而學習運動漫畫，彌補自己的缺憾。李普抱著不能成爲棒球明星，便在報紙上畫運動漫畫的決心，最後終於成爲一流的漫畫家，以「信不信由你」專欄風靡全球。

後來，李普常常告訴朋友，自己在第一場比賽就摔斷右手臂，不是「悲慘的結局」，而是「幸運的開端」。

倘若你的「淘金」夢想破滅了，千萬不要因爲一時的挫折而過度失望，更不要沈浮於失敗的迷夢。

你應該像羅勃·李普一樣，把失敗當作「幸運的開端」，而不是「悲慘的結局」，趕快樹立新的目標，打起精神再次挑戰，如此，才能在其他領域獲得最後的勝利。

當你在人生旅途嚐到失敗的苦果，千萬不要就此意志消沈，一蹶不振，應該更加警惕，勉勵自己樂觀豁達。因爲，那些讓你跌倒的絆腳石，也可能變成你邁向成功的墊腳石，端看你遭遇失敗挫折之後，如何面對往後的人生。

戰勝人性的弱點

成功的訣竅就在於：把一切災難都當作小事，而不要把一切小事都當作災難。

——哈洛德·尼科爾森

08

誰說你和成功無緣

激勵大師戴爾．卡內基曾經說：

「任何人都和成功有緣，只可惜，

大多數的人都沒有積極為自己創造機會。」

看看你的舌頭還在不在？

失敗會引發人的無力感和挫折感，但是，另一方面，失敗也是一個人力爭上游的動力，足以讓人跨越極限，攀上生命巔峰。

戰國末期，以連橫計謀瓦解六國合縱盟約，協助秦國併吞天下的張儀，是一個相當達觀、不會沈迷失敗夢境的人。

張儀和蘇秦同是鬼谷子的門徒。學成下山之後，張儀眼見師兄蘇秦佩帶六國相印，便效法蘇秦，遊說各國諸侯加強合縱關係，力拒秦國的分化、離間。但是，合縱之說原是蘇秦嘔心瀝血的獨到理論，張儀無法提出超越蘇秦的新見解，因而屢屢碰壁。

有一次，他前赴楚國宰相府邸參加宴飲。當天晚上，相府遺失了一塊璧玉，門下食客認爲張儀「貧而無行」，一口咬定璧玉必定是他所偷，將他五花大綁，鞭打了數百下，然後逐出門外。

張儀遍體鱗傷回到家中，他的妻子見了他的狼狽模樣，不禁大發牢騷說：「早知道會落得這種下場，就別去讀書、遊說了，功名沒求成，反而無端遭到羞辱。」

張儀不以爲意，戲謔地問：「妳快看看我的舌頭還在不在？」

他的妻子莫名所以，苦笑著說：「當然還在！」

張儀信心滿滿地說：「舌頭還在，那就夠了！」

事實證明，張儀的舌頭，威力勝過百萬雄兵。

療傷止痛之後，張儀轉進秦國，憑著三寸不爛之舌，說服了秦惠王採取「遠交近攻」的連橫政策，也憑著三寸不爛之舌，瓦解了六國長達十五年的合縱盟約，奠立了秦國跨出函谷關，將六國各個擊破的基礎。

法國作家羅曼羅蘭曾說：「失敗可以鍛鍊出一批優秀的人物，它挑出一批心靈，使它們變得更純潔更強壯；但它也讓其餘的心靈加速墮落，或是斬斷它們飛躍的力量。」

失敗會引發人的無力感和挫折感，也會讓人消極地逃避現實，自我破壞，而步上毀滅的道路。但是，另一方面，失敗也是一個人力爭上游的動力，它所激發出的潛能和鬥志，足以讓人跨越極限，攀上生命巔峰。

戰勝人性的弱點

最超越世俗的人，能穿越認識的迷宮，能在別人和自己毀滅的地方、受折磨的地方，找到自己想要的幸福。

——德國思想家尼采

為何不給自己多一點機會？

事實上，遭遇失敗的人往往並非真的沒有機會，而是從未主動跨出第一步，積極地為自己製造機會。

處於這個時時刻刻充滿變化的社會裡，如果我們能具備更長遠的眼光，常常提醒自己發揮一些創意，給自己製造多一點機會，這樣不只可以讓自己避免被時代淘汰，也能使自己更快速成功！

英國著名作家毛姆，從小就失去了雙親，靠叔叔撫養長大，生活過得很困苦，雖然他非常努力創作，一心想要成爲知名作家，但是，作品的銷售量卻一直慘不忍睹。

有一天，他完成了一本新書，爲了如何讓新書暢銷而費煞苦心，最後終於想出一個好方法。

他在各大報紙上刊登一則徵婚啓事，上頭寫著：「本人喜歡音樂和讀書，是個年輕英俊又有涵養的百萬富翁，希望和作家毛姆新書中的女主角一模一樣的女性結婚。」

雖然看到這則徵婚啓事的人，大都不知道毛姆是哪號作家，不過，爲了知道他新書中的女主角究竟長什麼模樣，不到三天，倫敦每家書店裡的毛姆新書全被搶購一空，毛姆也終於變成一個暢銷作家。

毛姆靠著「狡猾手段」成功的例子告訴我們，機會是人創造出來的，只要肯花心思，就會有成功的機會。

英國名劇作家蕭伯納說：「人常常埋怨環境影響他們一生。我卻不相信環境有這麼大的力量。人來到這個世界，就應該努力去尋找自己想要的環境。如果找不到，那麼就自己去創造。」

面對挫折和失敗，許多人習慣歸咎於環境所致或自己時運不濟，大嘆「時也，運也，命也，非我之不能也」，但是，實際的情形是不是眞的這樣呢？

恐怕未必盡然。

事實上，許多遭遇失敗的人，往往並非眞的沒有機會，而是只會做白日夢，從未主動跨出第一步，積極地爲自己製造機會。

戰勝人性的弱點

我們深信，實現自我不能單靠思考活動，還必須依靠實現整個自我，依靠情感的與智力的潛能表現。

——美國心理學家弗洛姆

誰說你和成功無緣？

激勵大師戴爾．卡內基曾經說：「任何人都和成功有緣，只可惜，大多數的人都沒有積極為自己創造機會。」

法國大革命爆發之初，拿破崙還是一個沒沒無聞的年輕軍官，工作之餘，總是埋頭研究如何運用大砲作戰。

某日，他覺得時機成熟了，便央求朋友安排他晉見一位將軍，向他報告自己研究大砲的心得，強調使用大砲作戰的好處。

這位將軍是傳統戰爭的擁護者，對於拿破崙的研究並不感興趣。但是，拿破崙並不死心，進一步邀請這位將軍姑且觀賞大砲試射情形。大砲無堅不摧的威力，讓這位將軍大爲震驚，從此對拿破崙留下深刻的印象。

後來，拿破崙又主動研擬了如何擊潰英軍的作戰計劃，並且親自送往革命軍總部。在前述那位將軍大力稱讚下，拿破崙的作戰計劃，獲得高層將領激賞，隨即被調升爲前線作戰指揮官，將英軍一舉擊潰，一夜之間成爲法國人的英雄偶像。

拿破崙一夕成名的例子充分說明了：機會不是靠等待得到的，而是必須靠自己積極去爭取。

古今中外，大多數的成功人物，都是靠著自己主動尋找良機、把握良機，繼而開創嶄新的機運，邁向成功的大路。

激勵大師戴爾．卡內基曾經說：「任何人都和成功有緣，只可惜，大多數的人都沒有積極為自己創造機會。」

所謂的「緣」，或許是冥冥之中註定的，但是，一個終日躲在家裡做春秋大夢的人，又能和什麼事物結緣呢？機會就算常常從天而降，也不可能平均地砸到世間的每一個人。

許多在自己的領域有所成就的人，都曾經不斷爲自己創造機會。只要鍥而不捨地積極爭取，一百次努力當中，總有一次會獲得有利的機會；而這一次機會，很可能就是你人生的轉捩點。

戰勝人性的弱點

自己的命運應當由自己創造。人應當活得像人，不要變成傀儡，盡受反覆無常的命運支配。敢於衝撞命運的人，才是天才。

——法國作家雨果

你就是自己的「幸運之神」

如果你認為自己欠缺幸運之神眷顧，那麼，何不主動為自己創造機會！千萬不要再守株待兔空坐等待了。

楚漢爭霸時期，高陽有一位滿腹經綸的儒生名叫酈食其，因爲家道中落，一直抑鬱不得志，終日以酒澆愁，自稱是「高陽酒徒」。

有一天，劉邦率兵西進，軍隊恰巧在高陽駐紮，酈食其心想，這或許是自己揚眉吐氣的大好機會，於是前去劉邦的帳營毛遂自薦。

劉邦一聽前來求見的是一個儒生打扮的人，連忙揮揮手：「唉，我最討厭和酸儒打交道，趕快把他打發掉！」

酈食其在營帳外頭聽見了，生氣地破口大罵：「原來劉邦也不過是個有眼無珠的庸人，我是鼎鼎有名的高陽酒徒，才不是什麼酸儒！」

劉邦聽他說話頗有膽識，於是起身前去迎接他進入營帳。當時，劉邦正爲糧食補給的問題大傷腦筋，便信口請教酈食其有何高見。

酈食其告訴劉邦，行軍作戰必須先解決後顧之憂，隨後獻策教劉邦奪取陳留縣城的糧倉。

從此之後，劉邦行軍作戰再也不用爲籌措軍糧而煩憂，不再沿途掠奪，深得百姓擁護；酈食其也因見多識廣而時來運轉，獲得劉邦重用，大漢江山奠立後受封爲「廣野君」。

日本著名演員、風靡全球的電影《失樂園》男主角役所廣司，也是一個積極爭取機會而獲得成功的例子。

役所廣司原本在自來水處工作，只是一個平凡的公務員，誰也沒有想到，後來他竟然在ＮＨＫ大河劇場中，擔綱飾演織田信長，並且演活了這個特立獨行的日本戰國英雄，後來更主演渡邊淳一外遇小說《失樂園》改編的電影而享譽國際。

役所廣司踏入演藝圈的過程充滿戲劇性。有一天，他看了某齣電視劇，深深受到感動，開始對戲劇產生濃厚興趣，渴望成爲知名演員。

他明瞭，繼續待在自來水處工作，自己的夢想永遠沒有實現的可能，於是，毅然辭去工作，轉往演藝圈發展。

經過多次努力、拜託，他終於獲得了演出機會，雖然只是一些無關緊要的跑龍套角色，卻讓他雀躍不已，覺得距離自己的夢想越來越近，更加勤奮地鍛鍊自己的演技。

不久，役所廣司扮演的角色越來越重要，最後，終於成爲一流演員，並在NHK大河劇場中擔綱，前後飾演過織田信長、宮本武藏……等頂尖英雄，維妙維肖的演技，廣受日本觀眾讚賞。

各國演藝圈，都有類似役所廣司的例子，印證了「越努力，運氣越好」的說法。

因爲，只有在動態之中，才會找到開啓勝利大門的鑰匙。

如果你認爲自己欠缺幸運之神眷顧，那麼，何不像「高陽酒徒」酈食其及役所廣司一樣，主動爲自己創造機會！千萬不要再守株待兔空坐等待了。

戰勝人性的弱點

人生的機緣不會太多，機不可失，失不再來；見到機會而不捕捉的人，才是道地的傻瓜。

——尤素福·西巴伊

勇敢挑戰你的自卑感

如果你深受自卑感困擾，那麼，你應該感到高興。因為，自卑感愈強烈的人，愈有成長的可能性。

日本名作家菊池寬在小說《無名作家的日記》中，表露了對同時期知名文學家強烈的競爭意識和自卑感。

據說，他的自卑傾向十分強烈，成爲名作家後，仍然深受困擾。

爲了克服自卑感，他付出了比普通人更多的精神和努力，最後，終於成爲日本文壇的代表人物，創辦文藝春秋社，成立了「小說創作人協會」，培養文藝界後進，對於日本現代文學，有著無法磨滅的貢獻。

每個人都有自卑感。

心理學家說，即使像達文西、愛迪生、拿破崙……這類曠世天才，也都具有強烈的自卑感。

一般人都認爲，只有愚笨和無能的人，才會產生自卑感，實際上這種觀念是不正確的；反而是智慧愈高，思想、感受力愈敏銳的人，愈容易受到自卑感困擾。

新弗洛伊德派心理學家艾立克·布朗說：「受過高等教育的中產階級，比智識較差的低階層群眾，擁有更深沈的自卑意識，至於資質愚鈍的人，則不太可能產生自卑感。智商愈低，愈不會被自卑感困擾。」

奧地利心理學家阿德勒則認爲：「自卑感和優越感，實際上是人類情感中的一體兩面，兩者密不可分。」

換句話說，自卑感和優越感乃是基於不同的外在環境，表現出的兩種相對的心理反應，就像是一枚銅幣的正反兩面。

自卑感愈強烈的人，就會愈努力，愈不服輸，一心想勝過對手；一旦獲得成功，強烈的優越感便會油然而生。

英國詩人作家白朗寧曾說：「當一個人具有挑戰自我的精神時，他就會是個不平凡的人。」

事實也是如此，被稱爲「日本醫聖」的野口英世因爲自卑感太濃厚，相對的，優越感也比一般人強烈許多，努力、企求自然超過了常人的限度。

不少日本評論家都說，野口英世的能力只能算是平庸而已，他的成就完全是因爲本身強烈的自卑感鞭策所致。

假設野口英世和菊池寬都沒有十分強烈的自卑感，他們的人生將會有什麼樣的結局呢？

野口英世可能在某個偏遠山區當救人濟世的醫生，沒沒無聞度過一生。菊池寬則可能在某所鄉下小學教書，擔負著培植國家幼苗的工作，終老一生。

如果你深受自卑感困擾，那麼，你應該感到高興。

因爲，自卑感愈強烈的人，愈有成長的可能性——即使是資質平凡的人，也能獲得超越常人的成功。

當然，並不是具有自卑感的人，就一定可以成功。因爲，在沈重的自卑壓力之下，大多數的人都被摧毀了。

戰勝人性的弱點

在廣大的宇宙間，不要啞口無言，猶如牛羊之被人驅使，而要做一個奮鬥的英雄。

——美國詩人朗費羅

自卑感是成功的「墊腳石」

蘇秦發憤圖強的故事告訴我們，究竟是要將自卑感當作成功的墊腳石，或是任由它摧毀自己，其實全在一念之間。

戰國時代推動六國合縱抗秦的蘇秦，師承鬼谷子，學成下山後，信心滿滿地遊說秦惠王採取連橫政策對抗其餘六大強國，可是，秦惠王卻不置可否，蘇秦連續上疏十次都沒有下文。

蘇秦未獲秦惠王重視，旅費耗盡之後，蓬頭垢面回到洛陽老家，誰知一進家門，妻子態度冷淡，兄嫂不肯煮飯給他吃，父母也懶得和他說話。

家人的鄙視令蘇秦羞愧得無地自容，喟然長歎：「妻不以我為夫，嫂不以我為叔，父母不以我為子，是皆秦之罪也。」

從當天夜晚開始，蘇秦發憤鑽讀兵書，到了廢寢忘食、如癲如癡的程度，疲倦得想睡覺的時候，便拿起利錐猛刺自己的大腿，直到血流滿地、精神提振之後才罷手。

如此過了一年，蘇秦再出茅廬，轉而遊說其餘六國「寧爲雞口，勿爲牛後」，推動六國訂立盟約合縱抗秦，終於一雪前恥，被任命爲「約縱長」，身佩六國相印，導致秦國軍隊十五年無法踏出函谷關一步。

一般人在現實人生遭遇挫折，產生自卑感之後，大都會採取「補償行動」來彌補自己，方式大致有下列三種：

一、努力工作補償法。

二、頹廢行為補償法。

三、犯罪行為補償法。

但是，由於努力工作補償方式，必須付出相當多的心血和精力，一般人通常難以忍受這種煎熬，往往會選擇頹廢行爲或犯罪行爲來補償。

蘇秦堪稱是採取「努力工作補償法」而獲得成功的典型代表，不但使自己揚眉吐氣，也對秦國進行了嚴峻的報復。

由前述蘇秦的故事，我們可以得知，究竟是要將自卑感當作成功的墊腳石，或是任由它摧毀自己，其實全在一念之間。

戰勝人性的弱點

每個人都有每個人的道路，這條道路是否稱之為「命運」，我們姑且不論，問題在於，我們如何接受命定的因素，從而加以利用。

——日本經營之神松下幸之助

別陷入自卑的泥沼

年輕時候遭遇逆境，可以加速一個人心智成長。但是，如果遇到挫折就陷入自卑的泥沼，面對困難就萌生退意，那就太沒出息了。

北宋名臣范仲淹也是採取「努力工作補償法」的典範。

范仲淹幼年喪父，家境貧窮，稍長母親又改嫁，他不願跟隨繼父生活，便獨自一人寄居五台山醴泉寺發憤苦讀。

但是，醴泉寺的和尚相當勢利，見他貧無立錐之地，態度傲慢無禮，經常藉機羞辱他，也常常不給他食物吃，讓他好幾次餓得昏厥。

范仲淹慨嘆世路崎嶇難行、人情澆薄反覆之餘，懷著悲愴的心情，更加勤奮向學，最後終於熬過這段人生最艱苦的歲月，成為中國歷史上備受推崇的文學家兼政治家。

古今中外，各行各業的傑出人士，很多都是經過了這種幾近虐待的磨練之後，才獲得非凡的成功。假使他們被本身的自卑感擊潰，半途而廢，絕不會有令人刮目相看的成就，也無法在自己擅場的領域大放異彩。

蘇秦和范仲淹正是最好的例證。

他們的成功必須歸功於，他們在產生自卑心理的同時，也產生了強烈的反抗心理和不服輸的精神。

人陷入逆境的時候，也應該如此。

「你看，我一定可以克服它。」如有這種不服輸的心理，就一定可以克服逆境，進而產生渴望功成的意志。

曾經有心理學家說過：「人沒有遭遇過逆境，精神狀態就無法穩定。」

年輕時候遭遇逆境，可以加速一個人心智成長。但是，如果遇到挫折就陷入自卑的泥沼，面對困難就萌生退意，那就太沒出息了。

身處逆境之中，無法將自卑感化爲前進的動力，喪失反抗心理的人，將因爲缺乏必要的激素而難以成長。

戰勝人性的弱點

生活本身既不是禍，也不是福；它是福禍的容器，就看你自己把它變成什麼。

——法國思想家蒙田

越努力的人越有好運

機會不能光憑等待，必須採取行動積極覓尋。靜態之中沒有機會；只有在行動過程中，機會才可能不斷出現。

有人說，如果你希望賺錢發財，那麼就應該常去和錢有「緣分」的場所，積極去物色、糾纏自己的金主、貴人。

同樣的，你想在哪個領域獲得成功，就得到有關的地方，與相關從業人員打交道。

但是，大部分人並沒這麼做，反而一心認爲憑本身優越的條件，幸運之門一定會爲自己開啓，「機會」一定會從天上掉下來，最後落得一事無成，卻怪罪自己運氣不佳。

有個成天幻想著一夕成名的年輕人，有次遇見加拿大幽默作家史蒂芬・李考克，便問他說：「你相不相信命運？」

李考克回答：「當然相信。」

那個人又問：「那麼，你對運氣又有什麼看法？」

李考克想了一想說：「我非常相信命運，而且，我發覺，只要我越努力，運氣也會越好。」

弱者坐待時機，強者製造時機。

想成爲知名演藝人員，早期英國「辣妹合唱團」的做法就相當主動積極。她們立志當歌星之後，就主動向演藝圈伸出觸角，找尋可能的機會。她們當過伴舞、合音，不斷向唱片公司自我推薦，最後才華終於獲得矚目、肯定，成名之後，也散發誘人魅力，創造了另一波流行音樂高潮，風靡全球。

性感明星瑪丹娜也是一個靠著自我促銷而成功的例子。她原本只是底特律附近小鎮一個才貌平庸的女孩，卻頻頻以駭世驚俗的表演方式引人注目、累聚知名度，終於從小脫星躍爲世界聞名的性感巨星。

「辣妹合唱團」和瑪丹娜成名的例子提醒我們：機會不能光憑等待，必須採取行動積極覓尋。

靜態之中沒有機會；只有在行動過程中，機會才可能不斷出現。

戰勝人性的弱點

人絕對可以支配自己的命運，要是我們受制於人，那麼，錯誤不在於我們的命運，而在於我們自己。

——英國劇作家莎士比亞

不懂得靈活變通，就不可能成功

人當然要有遠理想和志向，但是在實踐願望的時候，既要講究方法，也要懂得靈活變通，否則就會淪為食古不化的失敗者，成為眾人譏笑的對象。

春秋末年，各諸侯國之間時常發生戰爭。

孔子是當時有名的教育家，極力主張以仁義道德來治理國家，恢復過去周朝的禮製。他認爲統治者只要用「仁義」來感化百姓、處理諸侯國之間的關係，恢復禮製，天下才會安寧。

爲此，他曾周遊列國，向各諸侯國國君推銷自己的政治主張，請他們採納。遺憾的是，他的政治主張並不像他的教學見解那樣受人敬佩和歡迎，因而到處碰壁。

有一次，孔子帶著學生準備到衛國，顏回便去問魯國一個名叫太師金的官吏：

「我的老師孔子到處遊說，勸諫別人接受他的主張，可是卻到處碰壁。這次去衛國，你看情況會怎樣？」

太師金搖頭說：「我看還是不行。現在戰亂四起，各國國君爲了爭奪地盤都忙著打仗，對你老師的『仁義道德』那一套非常反感，誰會去聽那些不合時宜的說教呢？先前蔡、陳兩國之行就是如此。這次到衛國去遊說，肯定也不會有什麼好結果。」

太師金又舉例做進一步解釋：「船在水裡是最好的運輸工具，車是陸上最好的運輸工具，但是硬要把船弄到陸上來運貨，那就是白費力氣，一點用沒有。你的老師要去衛國遊說，好比是把船弄到陸上去運貨一樣，結果非但勞而無功，還可能還會招災惹禍。你們不要忘了去陳國的教訓，那時你們到陳國不就沒人理睬，而且七天張羅不到飯吃嗎？」

顏回回憶起那次去陳國的情景，不禁有些擔心。他回去把此事告訴老師孔子，孔子也深有感觸，但還是決定去衛國。結果，依然是碰壁而歸。

當時的諸侯個個利益薰心，只見眼前的私利，每一個都希望成就自己的霸業，當然不可能聽得進去孔子所說。

太師金看透了諸侯們的野心，才會勸顏回不必再白費力氣。儘管孔子不輕言放棄，認爲只要有機會，就算成效不彰也要碰碰運氣，但是結局早在太師金預料之中。

很多人之所以會在殘酷的社會中一再失敗，原因就像太師金所說的，「硬要把河裡的船到陸地上來運貨」。老是做著這種冥頑不靈的蠢事，會成功才怪！

人當然要有遠理想和志向，但是在實踐願望的時候，既要講究方法，也要懂得靈活變通，否則就會淪爲食古不化的失敗者，成爲衆人譏笑的對象。

戰勝人性的弱點

美國總統傑佛遜：「不管人們說什麼、做什麼，你都要保持頭腦冷靜，毫不動搖；無論遇到什麼，都要有耐心，不屈不撓，處之泰然。」

09

你的夢想曾經打過折嗎？

每個人都希望爬到最高的地位，
可是一旦發覺攀爬過程困難重重，
就會將既定的目標降低——
無法成為第一名，爭個第二名也不錯；
甚至第三、第四、第五……也勉強可以接受。

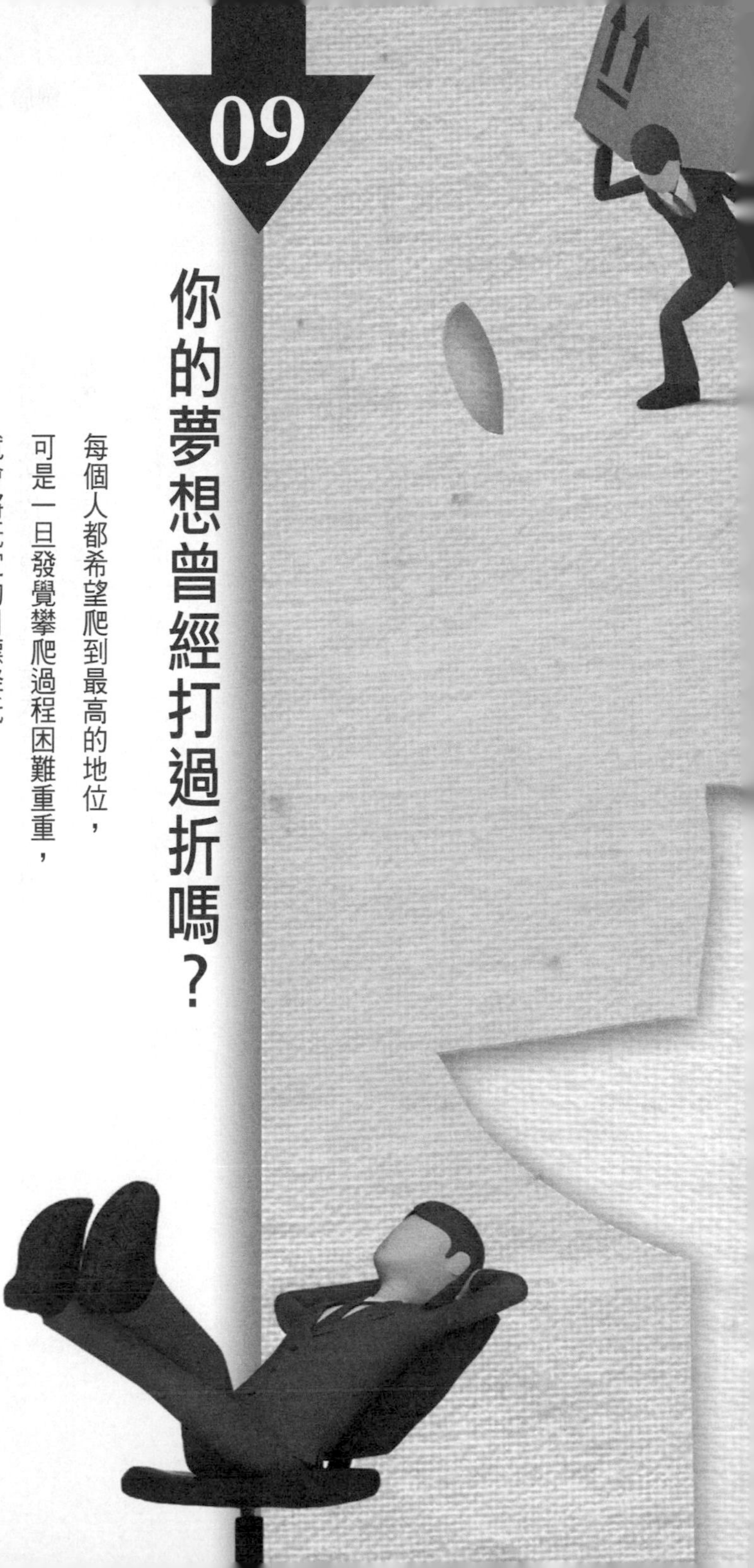

征服拿破崙不能征服的地方

慾望是成功的泉源，愈有遠大志向的人，愈可能獲得成功。因為，只有設定目標的人，才可能達成目標。

十九世紀的巴黎街頭，到處矗立著拿破崙的銅像，每天都有數不清的民眾向這個曾經叱咤風雲的英雄人物行禮致敬。

有一天，民眾在一尊銅像的寶劍上發現一張字條，打開一看，上頭寫著：「拿破崙，你用武力不能征服的地方，我可以用筆征服！」留字的人語氣狂妄，自稱「巴爾札克——法國小說家」，但是，幾乎沒人知道他是哪號人物。

這是理所當然，因爲當時的巴爾札克，還只是一個名不見經傳，靠著典當衣物、書籍過活的窮作家。

流傳最廣的一則笑話是，有一天晚上，巴爾札克被一陣窸窸窣窣的聲音吵醒，發現有一個小偷正在書桌的抽屜東摸摸西翻翻，不禁哈哈大笑，對小偷說：「老兄，我白天已經翻了好幾次，都沒找到半毛錢，你這樣摸黑找，能找到什麼？」

小偷聽了甚感無趣，不想再白費工夫，於是開了門便往外走。

巴爾札克連忙叫住他：「臨走前，能不能麻煩你把門關上？」

小偷沒好氣地說：「你家裡什麼東西都沒有，還留這個破門做什麼？」

巴爾札克回答：「這扇門是用來擋風的！」

巴爾札克之所以能揚名國際，在於他立志「用筆征服拿破崙不能征服的地方」，從他的例子，我們可以知道，慾望是成功的泉源，愈有遠大志向的人，愈可能獲得成功。

設定目標，才能達成目標。

如果你不曾渴望要當名人，那麼，你一定不可能成爲名人。

如果你不曾懷抱遠大的志向，那麼，你終究會和塵世的愚夫愚婦一樣，恍恍惚惚走完自己的人生，既不知爲何而生，又不知爲何而死；匆匆來到這個人間，又匆匆離去，不曾留下任何痕跡。

戰勝人性的弱點

人必須靠自己找到一條道路，通向幸福快樂的生活。人必須有這樣的認知：命運不是女神，而是我們塑造了她，使她在天國佔了一席之位。

——古羅馬哲學家塞卡內

希望若棒，收穫如針

「每個人的心底都存著理想。這個理想愈大愈好。你所抱持的希望，如果有一根木棒那麼粗，就可能會有針一般的收穫。」

成功的法則其實很容易，因爲秘訣只有一個，那就是「無論如何都要堅持自己夢想」的心理建設。

當你發現了眞正想做的事情時，只要擁有成功的慾望，以滿腔熱忱勇敢地堅持下去，終究會有成功的一天。

日本知名棋士升田幸三在十四歲那一年離家出走。

從小，他就立志成爲日本第一棋士，可是，他的母親卻不讓他學棋。升田幸三堅持學棋才是自己的人生方向，爲了尋求夢想，只得半夜偷偷離家，在黑暗中走上了自己選擇的人生路程。

當時，正值嚴寒隆冬，大雪紛飛。離家當晚，升田幸三以充滿信心的口氣，在母親量布用的竹尺背面寫著：「只要名人能授我數子，我就可以打贏他。因此，我不得不到大阪拜師學藝。」

升田幸三後來成爲日本第一棋士，原因在於他決意要成爲第一流的棋士。如果他未曾懷抱過這個夢想，縱使他有優異的天賦，也不可能忍受重重磨練，擊敗所有的勁敵，成爲出類拔萃的棋士。

他到大阪拜師學藝之後，每天默默忍受師兄們的批評謾罵，從事清掃、做飯、洗衣等等苦差事。

他曾回憶說：「在那段接受磨練的日子，我忍住奪眶欲出的眼淚，和師兄試棋的次數，多得難以計數。」

接受磨練是非常艱苦的事，如果沒有「大志」支撐的話，絕對難以承受這種苦楚，會逐漸怠惰下來，不久就失望離去。

「有一次，師父召集所有的弟子聚在大廳，告訴我們一個人生道理，他說：希望若棒，收穫如針。」

升田幸三說，他的師父並不是一位善於表達的人，平日話語不多。那一次，他若有所思地鼓勵弟子們，要儘量將自己的志向放大，「每個人的心底都存著理想，這個理想愈大愈好。你所抱持的希望，如果有一根木棒那麼粗，就可能會有針一般的收穫。」

任何人剛入門的時候，都懷著崇高遠大的理想。可是，不久之後就會發現，從種種現實情況來衡量，自己的夢想顯然太龐大、太遙遠了。

這時候，就會開始感到沮喪氣餒，逐漸怠惰下來，於是抱負一天一天降低，志氣一天一天消沈。

每個人都希望爬到最高的地位，可是一旦發覺攀爬的過程困難重重，就會將既定的目標降低——無法成爲第一名，爭個第二名也不錯；甚至第三、第四、第五……

也勉強可以接受。漸漸的，和當初的夢想背道而馳，離成功越來越遠了。

這種現象在各行各業都可以找到許多實例。不管你從事哪種行業，遭遇到什麼挫折，務必貫徹自己的初衷，秉持遠大的志向。

戰勝人性的弱點

命運對人類並無所謂利害，它只提供我們利害的材料和種子，供那些比它強大的魂魄運用，因為，靈魂才是自己幸與不幸的唯一主宰。

——法國思想家蒙田

獲得最後勝利的關鍵

降低希望無異是向現實低頭，往往會失去克服困境的勇氣，那些潛藏在體內的能量，尚未發揮便被埋沒了。

巴爾札克成名之後，有一天，有個熟識的老太婆拿著一本小學生的作文簿來找他，問他說：「大作家，你幫我看看這小子有沒有寫作的天分，將來能不能和你一樣成爲大作家？」

巴爾札克翻了一翻，說道：「這個小傢伙天賦不高，沒什麼寫作才華，恐怕不是當作家的料！」

「是嗎？」老太婆接過作文簿，突然冷不防地往巴爾札克的腦袋用力一拍，說道：「你這個臭小子，我還以爲你有多厲害呢，沒想到你連自己的小學作文都不認得！」

升田幸三說：「如果僅僅得到入圍資格就讓我心滿意足的話，那麼，我絕對不可能獲得入圍晉級，更不要說爭取第一了。」

他說得一點都不錯。許多人剛開始都抱著非常遠大目標，可是，面臨現實而激烈的競爭，常常會逐次降低標準，到最後，便對自己的前途、人生目標感到疑惑，信心動搖之際，往往自動放棄夢想和希望。

這個時候的你，正面臨決定性的考驗，如果你妥協、軟化，自我要求的標準就會將日漸低落，終至一事無成。如果你仍舊秉持初衷，咬緊牙關努力不懈，那麼，穿越層層障礙的時候，就會更加嚴厲鞭策自己，不斷吸取別人的優點和成功經驗，最後一定可以如願以償。

以圍棋爲例，一般職業棋士入門之時，都以「本因坊」作爲自己努力、挑戰的目標。可是，過沒多久，大部分人的標準就主動降爲八段、六段、五段……幾年之後，這些人都悵然離開了職業棋壇。

寫作也是一樣，許多立志當作家的人，往往興沖沖寫了一兩本書，不料卻沒有獲得預期的迴響，便認定出版市場殘酷現實，讀者有眼無珠，感慨自己懷才不遇，失望地轉往其他行業發展。

晉級「本因坊」決戰，或是躋身名人堂的棋士，資質是否必然優於半途而廢的人呢？成爲大作家的人，他們是不是都比一般人擁有更多的寫作天賦與才華？

其實，未必見得。他們獲得最後勝利的關鍵，在於擁有無比堅韌的毅力和百折不撓的鬥志。

或許，大部分人認爲自己的實力距離目標還有好長一段落差，因而降低標準來遷就自己。但是，降低希望無異是向現實低頭，往往會失去克服困境的勇氣，那些潛藏在體內的能量，尚未發揮便被埋沒了。

俄羅斯大文豪托爾斯泰說：「成功的文學家，是百分之一的天才，加上百分之九十九的努力。」

許多世界級的頂尖成功人物都說過類似的話，或者有過相同的感受。

千萬不要忘了「希望若棒，收穫如針」的道理，只要不斷地努力，堅持百忍，就一定能夠達到自己的理想目標。

戰勝人性的弱點

現代人的悲劇不在於他們對自己生命的意義越來越不了解，而在於他們對自己生命的意義越來越不關心。

——哈爾夫

如何讓自己「每」夢成真

如果你想當個非凡的成功人物，就必須確立遠大的志向，一步一步朝著自己設定的目標挺進，不論遭遇什麼挫折失敗，都必須秉持初衷，才有可能美夢成真。

豐臣秀吉年輕之時，曾經有一段時間依附野武士首領蜂須賀小六。所謂的「野武士」，其實就是打家劫舍的「綠林好漢」。

有一回，豐臣秀吉帶著兩名部下潛赴西美濃，準備洗劫一個大富豪，不料事跡敗露，三人分頭落荒而逃。豐臣秀吉僥倖逃回蜂須賀小六的勢力範圍，保全了性命，另外兩名部下卻在半途被殺身亡。

蜂須賀小六對豐臣秀吉作案失手並且折損兩名手下非常不滿，睜大雙眼狠狠瞪著他。沒想到，豐臣秀吉卻蠻不在乎地對他說：「像這種微不足道的小差事，我根本就不想去做。請你以後派些重要的任務給我。愈重要的差事，我會做得愈好。」

豐臣秀吉任務失敗，狼狽地逃了回來，連一絲愧疚、恐懼的表情都沒有，反而嘻皮笑臉大吹法螺。他說這些大話，或許只是故意遮掩窘態，但是看在蜂須賀小六眼裡，他的確是個志向遠大、器識不凡的人物，從此對他刮目相看。

後來，豐臣秀吉投靠織田信長，蜂須賀小六也聽從豐臣秀吉的建言，轉而輔佐織田信長爭霸天下，從野武士搖身變爲織田家的重臣。

項羽年輕的時候讀書不求甚解，對於學習當時盛行的劍術也興致缺缺，常常被叔父項梁斥責。

但是，他卻有不同的見解，他認爲，讀書只不過可以識幾個字，習劍也只能殺幾個人，根本不值得認眞鑽研，他想學的是「萬人敵」的本領。

後來，他看見秦始皇出巡的威風排場，更發下「彼可取而代之」的豪語，充分流露出爭霸天下的雄心壯志。

項羽之所以在群雄逐鹿的年代掀起萬丈波瀾、叱吒風雲、分封諸王，緣自於他從小就有氣吞山河的遠大志向，並且積極實踐自己的夢想。

項羽最後之所以兵敗自刎，淪爲悲劇英雄，原因則在於他一遭遇挫敗就灰心喪志，欠缺捲土重來的勇氣，輕易地將霸業拱手讓給劉邦。

如果你想在自己擅場的領域當個非凡的成功人物，就必須確立遠大的志向，一步一步朝著自己設定的目標挺進，不論在追求成功的過程遭遇什麼挫折失敗，都必須秉持初衷，鞭策自己貫徹意志，才有可能美夢成眞。

千萬別像項羽一樣，一遭遇失敗就「自行了斷」，把自己東山再起的勇氣給葬送了。

戰勝人性的弱點

青年人身上有很大的冒險成分，他們能夠幻想空中樓閣，能夠幻想旱地行舟，他們不考慮各種困難條件，對自己有著無限的信心。——普列姆昌德

不要讓經驗變成愚蠢的別名

只要你下定決心實際行動，經過不斷的磨練，吸收豐富的經驗，任何事都可以做得比平常人好。

你就是自己命運的主宰！你可以控制自己的想法，也可以克服自己的恐懼，決定你的人生方向。

不用羨慕別人的成功，只要你願意訓練自己，擁有豐富的經驗之後，你也可以創造屬於自己的輝煌人生。

英國知名的哲學家羅素剛剛嶄露頭角的時候，時常應邀四處演講，可是一面對台下的聽眾，他便雙腳不自主地顫抖，說起話來結結巴巴，不知所云，讓他十分懊惱。

後來，羅素安慰自己：「這沒什麼大不了嘛！就算我講得不好，世界也不會改變，地球也照樣轉動。」

放鬆心情後，累積數十次演講的經驗，他終於變得口若懸河，成了深受歡迎的演講名嘴。

羅素的例子說明了豐富經驗的重要性。

的確，只要你下定決心實際行動，經過不斷的磨練，吸收豐富的經驗，任何事都可以做得比平常人好。

但是，對大多數妄想一夕成名、一夜致富的人而言，經驗往往淪爲自己幹過的蠢事的別名。

因爲，大多數人往往只是看到別人成功的表象，就心存僥倖、幻想，一頭栽入全新而陌生的領域，而又不肯努力學習，虛心吸收經驗，最後當然只會招來失敗的後果。

這種一窩蜂的情況像日本「摩托車之父」，本田（Honda）汽車公司創始人本田宗一郎所說的：「不管投入任何一項事業，都攸關自己的生死存亡，如果自己連這個行業最基本的知識都不懂，還妄想一鳴驚人，那不是擺明了胡攪瞎搞嗎？」

戰勝人性的弱點

對大多數人來講，經驗就像輪船的尾燈，往往只照出它曾經駛過的航線。

——克拉瑞克

如何強化自己的戰鬥力

想要開創一番事業的時候，必須先累積一些經驗，如此一來，你的成功才會有穩固而紮實的基礎，不致於曇花一現。

有一位義大利作家曾經寫道：「一顆纖弱的灌木，雖然在暴風雨中不停搖晃，但它最終還是能戰勝暴風雨。」

其實，生活中的失敗或挫折並不可怕，可怕的是你不敢挺身面對，不敢藉由磨練提昇自己的戰鬥力。

德川家康麾下的三河武士戰鬥力非常堅強，常常在戰場上摧枯拉朽，讓各路諸侯吃盡苦頭。

三方原之役，德川家康奉命阻擋武田信玄，此役德川軍（三河武士）雖然戰敗，但是他們所展現的鬥志、拼勁、韌性，就連號稱全日本最強勁的武田軍都為之咋舌。戰後，武田信玄就曾由衷地讚嘆說：「三河武士的確可敬、可怕。」

三河武士之所以如此堅強、難纏，主要原因在於他們擁有極為豐富的作戰和求生經驗。

德川家康幼年時期，大約有十二年流落各國充當人質，當時，三河武士隸屬駿府今川義元陣營。今川義元為了減少嫡系部隊傷亡，每次征戰總是派三河武士打頭仗，負責衝鋒陷陣。

屢屢扮演「砲灰」角色的三河武士，面對著艱險凶惡的戰鬥，為了要保全自己的性命，不得不全力以赴，奮勇殺敵。

不斷地在戰場上磨練、求生，豐富的決戰經驗，終於讓三河武士培育出堅忍不拔的精神和令人生畏的戰鬥力。

在沒有槍聲、砲聲的人生戰場上，又何嘗不是如此呢？

法國哲學家盧梭說：「人生無非是一種受考驗的狀態。這些考驗是哪一類並不重要，只要從中得出它們應得的結果就行了。」

想要開創一番事業的時候，必須先累積一些經驗，如此一來，你的成功才會有穩固而紮實的基礎，不致於曇花一現。

戰勝人性的弱點

每個人的一生都是一場戰役，而且，那是一場長期的多災多難的戰役。

——古希臘哲學家艾匹克蒂卡

經驗，可以拓展你的人生版圖

如果你也能從失敗的教訓中獲得寶貴的經驗和啟示，就不難像井深大和劉邦一樣，開創出屬於自己的人生版圖。

日本知名企業新力（Sony）公司的創業過程，堪稱歷盡艱辛。

新力公司的創辦人井深大從小喜歡玩組合玩具，從早稻田理工學院畢業後，決心開創自己的事業。他研發過計算尺、電子鍋、高爾夫球用具以及其他產品，但統統失敗了。

井深大從這些失敗的經驗獲得一個極爲寶貴的教訓：盲目研發、盲目生產的結果，只會導致一次次的失敗，只有開發出新穎而實用的產品，才能挽救自己的事業。

井深大經過深思熟慮後，決定將電子技術運用到日常生活中，開發出嶄新的產品，於是鎖定目標，帶領員工投入磁帶錄音機的研製。

後來，井深大終於開發出簡單耐用、售價低廉的H型磁帶錄音機，並且成功地打入政府機關。

後來，他又善用自己累積的經驗，轉向半導體晶管發展，研製出全世界第一台半導體收音機，新力公司的事業版圖終於擴張到世界各國。

人的智慧往往來自經驗，不管成功或失敗，只要能從中獲得啓示，都是極爲寶貴的經驗。

楚漢爭霸初期，劉邦率領的雜牌軍屢戰屢敗，常常被項羽的江東勁旅打得抱頭鼠竄，一路屈居下風，劉邦還曾經有過爲了加速逃命而將自己父親推下馬車的狼狽紀錄。當項羽威脅他再不主動前來投降，就要把他的父親煮成肉羹，他竟然厚顏無恥地回答說：「我們是結拜兄弟，我的父親就是你的父親，既然你想把他煮成肉羹，到時候別忘了分我一杯羹！」

當時，一般人咸信，大秦帝國的江山終究會落入項羽手中，幾乎沒人敢相信自稱「赤龍之子」的劉邦會獲得最後勝利。

劉邦後來能扭轉乾坤，建立大漢帝國，成就空前霸業，其中一個關鍵因素就在於，他手下的雜牌軍不斷從失敗的教訓中吸取豐富的經驗，終於在戰場上反敗爲勝，迫使項羽兵敗自刎。

劉邦麾下的文臣武將，除了張良出身貴族世家，修習過文韜武略之外，其餘幾乎來自社會低下階層，對於行軍作戰一竅不通。

例如，樊噲原本以屠狗賣肉爲業，周勃是在喪殯行列中濫竽充數的吹鼓手，灌嬰以賣布爲生，婁敬是個軍伕。至於蕭何、曹參不過是縣衙低級文吏，陳平則是農家出身、貧而無行的落魄文人；即使是後來被譽爲軍事天才的韓信，也只是個身家微寒，終日揹著寶劍游手好閒的膽小鬼。

這樣的組合，經歷了十多年戰場磨練，最後竟然扳倒了「力拔山兮氣蓋世」的西楚霸王項羽，充分說明了磨練和經驗的重要性。

失敗並不可怕，可怕的是，只會在失敗的惡夢中呻吟，不敢面對眞實人生。

如果你也能從失敗的教訓中獲得寶貴的經驗和啓示，就不難像井深大和劉邦一樣，開創出屬於自己的人生版圖。

戰勝人性的弱點

要使整個人生都過得舒適、愉快，這是不可能的，因此，人類必須具備一種能應付逆境的態度。

——英國哲學家羅素

聰明過頭，小心大禍臨頭

即使看穿了別人的心思，或不小心知道別人的秘密，也應該心照不宣，千萬別因為想博得別人的稱讚而惹禍上身。

三國時代，曹操手下有位聰明過人的謀士叫楊修。

有一次，楊修隨曹操出征，攻城之時卻久攻不下，便就地安營紮寨。某天晚上，楊修忽然聽曹操在營帳外踱步，嘴裡說道：「雞肋，雞肋！」

他立刻明白曹操的意思是這座城就像雞肋，食之無味，棄之可惜，心裡想要退兵，便和士兵說：「快準備拔營吧，丞相打算退兵了。」

就這樣，全營的人紛紛收拾行裝，準備撤退。

曹操巡營時，看到這種情況，非常吃驚，便向士兵詢問原因，知道是楊修點破了自己的心思，心裡暗暗佩服楊修的聰穎，同時也很嫉妒楊修的才智，於是，藉口楊修擾亂軍心，把他殺了。

楊修死後，他的父親楊彪非常傷心，因思念兒子而日漸憔悴。曹操見狀便問他說：「楊公爲什麼會這般消瘦啊？」

楊彪嘆氣說：「我自己覺得慚愧呀，我預先沒有料到我兒子會有這樣的結果，現在還有一種像老牛舐犢的愛子之心！」

曹操聽後，十分感動，不禁內疚不已。

人往往只有小聰明，而欠缺大智慧，楊修便是典型的例子，爲了炫耀自己的小聰明，卻忽略了了爲人處世應有的大智慧。

楊彪痛失愛子，內心的傷痛不可言喻，讓曹操也不禁內疚，後悔自己的衝動行事，但是，楊修爲什麼惹上殺身之禍呢？原因豈不是在於「聰明過頭」呢？

曹操愛才，世人所知，但曹操也妒才，容不下「聰明過頭」的人。楊修自詡聰明過人，善用計謀，而太過鋒芒畢露，屢屢看破曹操心思，無可避免引來曹操的猜忌與懷疑，終於慘遭殺害。

現實生活中，「伴君如伴虎」的情況無時不在，不得不小心翼翼、謹言慎行，即使看穿了別人的心思，或不小心知道別人的秘密，也應該心照不宣，千萬別因爲想博得別人的稱讚而惹禍上身。

多行不義只會提前埋葬自己

多行不義的結果就是提前為自己挖掘通向死亡的墳墓，甚至不斷鏟著泥土將自己埋葬。

三國時候，魏國有個名叫管輅的人，從小勤奮好學、才思敏捷，尤其喜愛天文。十五歲之時，管輅已熟讀《周易》，通曉占卜術，漸漸小有名氣。

日子一久，他的名氣傳到吏部尚書何晏、侍中尚書鄧颺耳裡。這天，正好是農曆十二月二十八日，這兩個大官吃飽喝足後，閑著無聊，便派人把管輅召來替他們占卜。

管輅早就聽說這兩人是曹操侄兒孫曹爽的心腹，平日倚仗權勢胡作非爲，名聲很不好。他考慮了一會兒，心想不如趁這個機會好好教訓他們一頓，滅滅他們的威風。

何晏一見管輅，就大聲嚷道：「聽說你的占卜很靈驗，趕快替我算一卦，看我能不能再有機會昇官發財。另外，這幾天晚上我還夢見蒼蠅總是叮在鼻子上，這是什麼預兆？」

管輅想了一想，說：「從前周公忠厚正直，輔助周成王建國立業，國泰民安；現在你的職位比周公還高，可是向你感恩的人很少，懼怕你的人卻很多，這恐怕不是好預兆。你的夢按照占卜術來預測，也是個凶相啊！」

何晏聽了臉色漸漸發白，管輅接著說：「如果想要逢凶化吉，消災避難，只有多效仿周公等大聖賢們發善心行善事。」

鄧颺一旁聽了，很不以為然，連連搖頭說：「這都是些老生常談的廢話，聽來沒什麼意思。」

何晏則臉上鐵青，一語不發。管輅見了，哈哈一笑：「雖說是老生常談的話，卻不能加以輕視啊！」

不久之後就傳出消息說何晏、鄧颺與曹爽因謀反而遭誅殺。

管輅知道後，連聲說：「老生常談的話，他們卻置之不理，所以難怪有如此下場啊！」

存在就是合理，不存在就意味著遭到時代淘汰。

能夠從以前流傳下來的事物，證明它們經歷了時代的重重考驗，其中必定蘊藏著一定程度參考的價值。

前人的成功經驗值得我們借鏡，所謂蕭規曹隨，好的方法大可沿用其精神，精益求精；前人失敗的經驗，也可以讓我們明白如何規避錯誤。

管輅藉機諷何晏的故事，說明了許多爲人處世的道理雖然老生常談，卻是歷久不變的眞理，不應輕忽蔑視。否則，多行不義的結果就是提前爲自己挖掘通向死亡的墳墓，甚至不斷鏟著泥土將自己埋葬。

10

為何你不敢怪自己

失敗的人總是事過境遷之後怨天尤人，
慨歎造物不公、命運播弄，
將失敗的責任一股腦拋給上帝，
怪東怪西，就是不怪自己。

糞便也能變成黃金

別人的抱怨談話中，往往縕藏著有利的契機，如果你能聽出重點，用更樂觀的心情去看待，就會使你的人生峰迴路轉。

日本知名企業三矢公司的董事長飯山滋郎，發跡之前是個鉛筆製造商，但是，由於製作鉛筆的利潤相當微薄，加上物價不斷飛揚，飯山滋郎的事業一直經營得相當辛苦。

有一天傍晚，飯山滋郎信步走進一家冰淇淋店，聽見老闆不斷對客人抱怨說：「唉呀！冰淇淋又要漲價了，因爲裝冰淇淋的紙杯越來越貴，但是，品質卻越來越差！」

飯山滋郎一聽，靈機一動，連忙跑回工廠發動機器，因爲他心裡浮現一個念頭：

「紙杯越來越貴就會被淘汰，我工廠裡有的是木材，如果能用木片去取代紙杯，不但價格便宜，店家的接受度也會很高。」

飯山滋郎隨即針對兒童和年輕族群，製造出美觀可愛的冰淇淋容器，投入市場後果然造成流行。

冰淇淋老闆的一番抱怨，竟然讓飯山滋郎獲得了數億日圓的利潤，奠立了飛黃騰達的基礎。

別人的抱怨談話中，往往縕藏著有利的契機，如果你能從這些抱怨之中聽出重點，用更樂觀的心情去看待，就會使你的人生峰迴路轉。

日本公共廁所的開山始祖、肥料界大亨淺野總一郎，後來能成爲數一數二的大企業家，也緣於他有異於常人的獨特想法，而且劍及履及付諸行動，因此能抓住了稍縱即逝的契機，比別人早一步成功。

台灣南部地區，由於水質不佳，賣水蔚爲新興行業，各式各樣的「加水站」林立街頭巷尾。

其實，早在數十年前，淺野總一郎就曾靠著突來的靈感，在東京街頭賣水大發利市。

淺野總一郎是一個半夜離家出走的少年，從富士山下的家鄉跑到東京闖天下。到了東京街頭，他不時聽到有人大發牢騷：「在東京討生活眞不容易，連水都要錢！」

這番話到了他的腦中卻變成：「哇！要在東京發大財實在太簡單了，居然連水都可以賣錢！」

於是，原本舉目無親、四顧茫然的淺野總一郎，開始樂不可支地做起了無本生意──汲取井水攙加砂糖，然後賣給過路的商旅，快速地靠著賣水奠立了早期的經濟基礎。

在淺野總一郎腦中，不但井水可以賣錢，連糞便也可以賣錢。

後來，他創設了公共廁所，並且利用從各個公共廁所收集到的免費糞便，成立了日本第一家肥料製造廠。

淺野總一郎的言行不時違反常規，超脫世俗的範圍，不按牌理出牌。他最喜歡講的一句話是：「一加一等於三，這個答案又有何不可？」

的確，人生的起伏漲落絕非加減乘除所能計算的，如果你從事的行業和加減乘除沒有太大關連，那麼，又何必一定要墨守數學上的成規，認爲一加一必然要等於二呢？

戰勝人性的弱點

悲觀與樂觀，就是兩個人從同一個城堡的同一個窗口向外望；一個望見的是泥土，另一個望見的是星星。

——塔西

如何劈開人生的「瘢節」？

遇到瘢節，不能逃避，必須迎面劈去。如果刻意躲避瘢節的困擾，常常會陷入困擾之中；人生不也是這樣嗎？

號稱日本第一棋士的升田幸三曾經說過一則故事，對於遭遇困難的人相當具有啓示意義。

升田幸三說，小時候，他常常和父親到山上劈柴。每天清晨，濛濛的晨霧還沒散去，大家仍沉醉在夢境之中，他的父親已經汗流浹背地在附近的山坡揮動斧頭劈柴了。

太陽高高升起之後，有一位大約六十歲的老先生，也會到那兒劈柴。

他每天來得比升田幸三的父親晚，走得比他父親早，劈柴過程中，也時常停下來抽煙休息，奇怪的是，他每回劈的柴總是比升田的父親多。

當然，這不是因爲這個老先生的力氣比升田的父親大，而是升田的父親的斧頭經常卡在柴裡。

但是，很奇怪，那位老人卻從未有過這種現象，毫不費勁地輕輕鬆鬆劈柴。

起初，升田幸三看他輕快揮舞著斧頭，心中十分納悶——難道父親的運氣眞的那麼差，每回都劈到材質堅硬的木柴？

經過好幾次仔細觀察，升田幸三才發現，他父親是受到瘢節的困擾，一遇到瘢節，總是刻意要避開，結果適得其反，斧頭常常卡住。

反觀，那位老人卻無視瘢節的存在，只管舉起斧頭朝著瘢節奮力劈去，動作流暢，一氣呵成。

這兩種不同的劈柴方法，讓升田幸三印象極爲深刻；長大之後，他終於體會出其中的道理——刻意躲避瘢節的困擾，常常會落入困擾之中；人生不也是這樣嗎？

遇到瘕節，不能逃避，反而必須迎面劈去——這眞是一個寶貴的啓示。

以棒球比賽爲例，有些球員的打擊威力十分可怕，常常使得投手心生畏懼，不敢正面對決，一味刻意閃躲。

但是，在得分圈有跑者，或是雙方比數十分接近的緊要關頭，越閃躲就越容易使自己陷入困境，不是投出四壞球保送，就是被擊出致命的安打或全壘打，一棒扭轉整個戰況。

日本職棒的名監督王貞治和長島茂雄，以前都是舉世聞名的全壘打王，打擊威力令人畏懼，但是面對某位投手，兩個人非但安打、全壘打難求，還常常遭到對方三振。

面對媒體訪問，這位投手表示：「面對巨人隊的王貞治或長島茂雄時，根本不必懼怕，更不要刻意閃躲，只需和平日一樣，針對他們的打擊習性和弱點，投出最拿手的球路，誘使他們揮空棒就可以了。你愈想逃避他們，就愈容易失控，他們就愈可能擊中你的球。」

人應該像這位投手一樣，勇敢地面對矗立在你眼前的敵人和困難，這就是「擊節精神」的發揮。

戰勝人性的弱點

衡量一個人成功與否，是由他在努力通往成功的路上，越過的障礙多少作為尺度的。

——美國總統華盛頓

別和「麻煩」捉迷藏

勇敢面對困難，一味地躲避麻煩，麻煩將永遠無法解決，只有正面「擊節」，才能突破僵局。

美國鋼鐵大王安德魯．卡內基出身社會最底層，靠著堅毅不撓的精神一路往上爬，而成爲美國產業界的代表性人物。每當面臨困境或危機，他都會發揮「擊節」精神，勇敢迎向前去，從不逃避、閃躲。

當他還是鐵路公司電信技士的時候，有一天，發生了列車出軌事件，局面非常混亂，偏偏公司高層決策主管遲遲未趕到現場，鐵路交通全部癱瘓，乘客怨聲載道，鐵路工人束手無策，事件無法順利善後。

當時，卡內基只是一個週薪一元兩角的小工人，以他的身分，根本沒有發言的餘地，更別提指揮調度、處理善後了。

但是，他又不能眼睜睜坐視混亂繼續擴大，在不得已的情況下，他向各個單位請教應當如何處理這種局面，隨即，假冒公司主管的名義發號施令，並且決定對後果負全部責任。

他回想當時的情況說：「我只能告訴自己，也許命中註定有此災劫。」

因爲，他的做法已屬越權，如果處理過程再發生意外或不幸，不僅飯碗保不住，還得吃上官司。

面對類似的緊急狀況，相信大部分的人都會認爲「這不是我的責任」，或是「我沒有決定的權力」而選擇逃避或袖手旁觀。

但是，卡內基卻不顧自己的身分和後果，毫不畏懼地選擇了勇敢面對考驗，只管從正面來處理事情。

這正是他迴異於一般人的成功特質。

自行創業之後，卡內基處理公司業務，也是秉持這種態度，將最困難、最棘手的事情擺在最前面處理。

他深知，一味地躲避麻煩，麻煩將永遠無法解決，只有正面「擊節」，才能突破僵局。

卡內基這種勇於任事的態度，使得他深獲公司上下信任，也奠定了日後成功的基礎。

戰勝人性的弱點

成功的人不可能是一個消極、茬弱的人，不可能是一個為了怕沾上污泥濁水，而使自己遠遠地躲避鬥爭的人。

——埃及作家庫杜斯

如何將「不可能」從字典中刪除

英國歷史學家湯恩比曾說：「人類有一種亙古不變的弱點，那就是把自己失敗的原因，推諉給那些無法由自己掌握的力量。」

相信自己有改變現狀的能力，是邁向成功的必備條件。

而且，當你決定改變對某些事物的看法時，那麼這些原先不可能的事，也會逐漸跟你的心態，轉化成爲你所想要的結果。

中國歷史上，朱元璋是將「擊節精神」發揮得最徹底的帝王。他面對實力超過自己數倍的強敵，絲毫不畏懼退怯，反而直接挑戰，屢屢出奇制勝，最後終於征服群雄，推翻元朝，登上帝王寶座。

公元一三六〇年，元末群雄中勢力最龐大的陳友諒稱帝，據江西、湖廣等地，並且與張士誠密謀前後夾攻朱元璋。

陳友諒、張士誠來勢洶洶，朱元璋麾下部將、謀士大都主張暫時向陳友諒投降稱臣，或者遷都他處以避其鋒，唯獨朱元璋堅決主張正面迎戰，並且擬定了「誘敵深入，聚而殲之」的計謀，果然將陳友諒、張士誠殺得丟盔棄甲、潰師大敗。

後來，朱元璋的實力坐大到足以和陳友諒、張士誠相抗衡，更決定先攻伐實力最強的陳友諒，然後再翦滅實力較弱的張士誠，以及其餘反元勢力，最後終於順利直搗元都，開創了大明帝國。

英國歷史學家湯恩比曾說：「人類有一種亙古不變的弱點，那就是把自己失敗的原因，推諉給那些無法由自己掌握的力量。」

拿破崙誇稱在自己的字典中沒「不可能」這個字眼，遇到困難從不逃避；戴高樂碰到棘手的問題，也習慣從正面解決。

他們兩人都是舉世聞名的法國英雄人物，處理事情的方式，也有異於常人之處，值得我們效法。

逃避困難，將使你永無成功之日，只有正面挑戰困難，才可能獲得成長。人生如此，經商如此，戰爭和政治也是如此。

戰勝人性的弱點

面對困難的時候，如果你有一剎那的膽怯、退縮，那麼，你也許就放走了幸運之神在這剎那間對你伸出的香餌。

——法國作家大仲馬

恐懼，是走向失敗的路標

有位心理學家說，在邁向人生目標的過程中，恐懼和願望就像聳立在我們面前的兩個大路標，一個指向失敗，一個指向成功。

想要自我改造或強化性格，也可以運用正面挑戰的原理。日本相撲界名人「横綱」貴乃花的經驗談，就是一個很好的範本，可供我們參考學習。

貴乃花說，小時候，他非常怕狗，一看見路上有狗，寧願繞遠路，也不敢從牠面前經過。他的母親知道這種情形後，認爲不是好現象，於是瞞著他，偷偷飼養了一條小狗。

有一天，貴乃花正在後院澆花，那隻狗跑到他腳旁玩耍，當時，他並未發覺。貴乃花移動腳步的時候，不小心踩到小狗的尾巴，牠痛得汪汪叫，貴乃花也嚇了一大跳，害怕得全身發抖。

那隻狗不住地對貴乃花吠叫，他則本能地拾起地上的竹棍，朝著牠身上拼命打，一直打到他母親從屋裡跑出來才住手。

從此以後，那隻狗見到貴乃花就狂吠，他一拿起竹棍，牠就夾著尾巴跑開。日子久了，他對狗的恐懼感也消除了。

有位心理學家說，在邁向人生目標的過程中，恐懼和願望就像聳立在我們面前的兩個大路標，一個指向失敗，一個指向成功。

恐懼會勾起我們內心許多不愉快的回憶，使我們想起失敗、痛苦和沮喪的往事。願望則會讓我們回想起成功時的喜悅，鼓舞著我們「再來一次」，激起嘗試的慾望和熱情。

貴乃花的經驗充分說明，愈想逃避恐懼，愈會被恐懼的陰影糾纏，恐懼感會更強烈。想要克服恐懼，最好的方法就是將自己溶入恐懼之中，睜大眼睛瞪視恐懼。

有位哲學家說：「我們雖然無法選擇自己的出生和時代，但是，我們可以選擇讓自己活得充滿信心和希望。」

我們可以輕視自己，也可以誠實地對待自己；可以對前程感到悲觀，也可以感到樂觀；可以被失敗挫折擊倒，也可以超越失敗挫折。這些都是我們可以自己選擇的。

戰勝人性的弱點

我們必須有恆心，尤其要有自信力！我們必須相信我們的天賦是要用來做某種事情的，無論代價多麼大，這種事情必須做到。

——法國化學家居禮夫人

改變習慣就能改變人生

習慣是人的第二個性，改變習慣，就能改變性格。正面挑戰，可說是改造自己和強化性格最有效的方法。

只要你願意相信自己，恐懼、失敗或挫折就一定會成爲過去式，而且還會有一個更好的開始，在後面等待著你。

日本一代名將山本五十六小時候也很膽小，即使是大白天，也不敢一個人從墳場或荒僻的山路經過，晚上一聽見風吹草動的聲音，心臟就會加速跳動，更別提獨自一個人上廁所了。

爲了要克服這種弱點，向恐懼挑戰，他常常強迫自己試著從墳場經過，或是一個人走進陰暗的森林。

這樣的正面挑戰方式果然有效，久而久之，他的膽量逐漸大了起來，恐懼感也日漸消失。

著名的心理學家丹尼斯·維特認爲，所謂願望，實際是連接你到達目標的感情的輸送帶，也是塑造美好自我的積極念力。可以這麼說，願望是我們前進的正向磁力，而恐懼所帶來的，則是負向磁力，會導致精神壓抑、不安、疾病，甚至精神失常或死亡。

因此，一個想獲得成功的人，必須跳脫恐懼的地牢，不能老是活在暗無天日的陰霾中。

想要擺脫恐懼或人性中的負面缺點，必須先學會支配自己，而不是讓恐懼和缺點支配我們。這是因爲，無法支配自己的人往往會失去自尊、自信，認爲自己在這個世上無法有所成就，一遭遇小小的失敗挫折，就認定成功和幸福是離自己相當遙遠的事。

我們應該學習山本五十六的榜樣，用積極的方法自我鍛鍊，和自己的自卑感、恐懼感，乃至於其他缺點面對面搏鬥。

習慣是人的第二個性，改變習慣，就能改變性格。「正面作戰」，可說是改造自己和強化性格最有效的方法。

戰勝人性的弱點

一個人越是生活，越是創造，越是有所愛，越是失掉他的愛，他便越來越逃出死神的掌握。

——法國作家羅曼羅蘭

為何你不敢怪自己

失敗的人總是事過境遷之後怨天尤人，慨歎造物不公、命運播弄，將失敗的責任一股腦拋給上帝，怪東怪西，就是不怪自己。

只要你有勇氣，那麼在遇到挫折時，你就可以很快地捲土重來；只要你有信心，那麼不論什麼事情，你都可以很積極地完成；如果你很樂觀積極，那麼幸運之神就會願意親近你。

「將相本無種，男兒當自強。」漢民族社會有句老掉牙的勵志諺語這麼說，用意在於激勵出身貧賤和遭逢逆境的人們，應該加倍發憤圖強，抱持「有爲者亦若是」的積極人生觀，效法英雄聖賢成就一番事業；所謂「黃河尙有澄清日，人生豈無得運時」——渾濁的黃河都有清澈見底的時候了，人只要努力進取、不屈不撓，總有時來運轉的一天，哪裡可能窮困潦倒一輩子？

事實上，中國歷史中便有許許多多窮民階級，靠著不斷努力而躍爲公侯卿相，甚至稱王稱帝。漢高祖劉邦和明太祖朱元璋，就是兩個家喻戶曉、平民搖身變爲帝王的代表性人物。劉邦和朱元璋，一個曾經是橫行鄉里的市井無賴，一個曾是貧無立錐之地的臭頭沙彌，兩個人居然在風雲際會的歷史舞台上，得天獨厚開國稱孤，運氣實在好得教人既羨慕又生氣。

大多數人都忽略了，劉邦和朱元璋其實只是七情六慾熾烈的血肉凡人，在千折百轉的人生道路上，同樣遭遇過無數次的災厄、凶險、磨難，最後才攀上權力的頂峰。也很少人會冷靜探討劉邦和朱元璋兩人之所以成功，除了僥倖的機運之外，還有其他相當重要的因素，諸如智慧、意志、決斷力、領袖魅力、權謀霸術，甚至是當今最流行的EQ指數……等等。

和同時代的歷史人物比起來，劉邦和朱元璋都稱不上出類拔萃。但是，爲什麼他們能在英雄競相逐鹿的大混戰裡獲得最後勝利，其他人卻爲人作嫁，或是含恨湮滅在歷史的煙塵之中？原因就在於劉邦、朱元璋懂得準確地掌握每個成功的契機，而其他人卻猶豫不決，一再坐失契機。

曾經獲得諾貝爾文學獎二十一次提名的英國著名文學家葛林在代表作《喜劇演員》一書中說：「大部分人面臨萬劫不復的剎那，通常是懵懂而不自知的。」

確實如此，面臨人生重大轉折的時候，只有極少數人能夠抓住稍縱即逝的契機，掌握自己的人生方向，獲得最後勝利。

因此，世間之人總是成少敗多，失敗的人總是事過境遷之後怨天尤人，慨歎造物不公、命運播弄，將失敗的責任一股腦拋給上帝，怪東怪西，就是不怪自己。

戰勝人性的弱點

每個人都有好運降臨的時候，只看他能不能領受；如果他不能及時注意，甚至頑強地拋棄機運，那就並非命運作弄他，而是得歸咎自己。

——英國作家喬叟

如何獲得自己想要的東西？

豐臣秀吉成功的原因，在於他有遠大的志向、強烈的意志、旺盛的企圖心、明快的決斷力。更重要的是，他有超越一般人的特異想法，不受世俗觀念束縛。

再多的金錢也買不到勇氣、信心和智慧，你得靠自己爭取，才能眞正地擁有它們，靈活運用它們。

只要你懂得設定自己的目標，設法自我鍛鍊，就不難發現，其實在你自己的身上就有著成功的特質。

公元十六世紀，日本歷史上也出現一個布衣躍爲卿相的經典範例，足以和中國的劉邦、朱元璋先後輝應，這號人物就是豐臣秀吉。

根據山岡莊八等歷史小說家描述，豐臣秀吉容貌活似潑猴，言行猥猥瑣瑣，不但像個譁衆取寵的馬戲團小丑，有時更像見不得人的雞鳴狗盜之流。

比起同時期的戰國群雄織田信長、德川家康、武田信玄、上杉謙信……等人，他又顯得陰沈狡猾，欠缺武士應有的英雄氣概和光明磊落。

但是，只要深入探討豐臣秀吉的人生，即使是極度憎惡他的人，恐怕也會情不自禁嚮往他的繽紛人生和成功之道。

豐臣秀吉和劉邦、朱元璋一樣，是個典型白手起家的成功人物，出身赤貧農家，憑著機智和膽識，在各路諸侯交相混戰的黑暗時代離家闖蕩，終於闖出自己的一片天空，擴築自己的政治版圖，最後結束了群雄競逐的戰亂局勢，一統日本江山。

豐臣秀吉也和劉邦、朱元璋一樣，是個頗具爭議性的歷史人物。

喜歡他的人持正面評價，認爲對豐臣秀吉而言，結束混亂的日本戰國時代，使平民百姓免於繼續流離受苦，是他一生中最大的願望，他的生命僅爲這個目標而存在。

不喜歡他的人則持負面看法，認爲他是個充滿權力慾望的大野心家，爲了追逐權勢無所不用其極，奪得日本江山，只不過是野心的實踐。

不管基於理想還是基於野心，豐臣秀吉最後終究當上攝政關白，改寫日本歷史，獲得自己想要的東西。

在群雄並起逐鹿、風雲激幻詭譎的日本戰國年代，爲什麼出身社會卑微階層、其貌不揚的豐臣秀吉，能夠比德川家康早一步脫穎而出統一日本？

爲什麼這個半夜離家出走的瘦弱少年，最後竟然搖身變成號令天下、不可一世的霸主？

有人認爲，那是因爲豐臣秀吉有一個雄才大略的英明主公織田信長，他只不過是靠著阿諛諂媚、權謀機詐，順勢接收織田信長打下的江山罷了。

這或許是原因之一，但是，不要忘了，在講究實力與智慧的日本戰國時代，織田信長麾下驍將如雲，盤據各地的諸侯也個個聲名如雷貫耳，豐臣秀吉如果沒有超越常人的本領與膽識，單憑幾招莊稼把式，絕不可獲得信任與重用，也無法接收織田信長的霸業，降服各地諸侯。

豐臣秀吉成功的原因，在於他有遠大的志向、強烈的意志、旺盛的企圖心、明快的決斷力。

更重要的是，他有超越一般人的特異想法，不受世俗觀念束縛。

戰勝人性的弱點

我們受了那麼多苦難，生活欠了我們一筆幸福債。這筆債一定要還，否則我們受苦受難就變得毫無意義。

——美國作家奧尼爾

誰說指南針一定要指向南方？

誰說指南針一定要指向南方？在現實人生中，我們心中的「指南針」，應該時時刻刻指向自己嚮往的「聖城」的方向。

希望和現實之間經常是有差距的。成功的人懂得在差距中尋找其他的可能，至於失敗者卻只會在原地抱怨這個差距。

所以，從現在開始就改變自己的思考模式吧；當你的思維模式開始改變後，你的人生也就跟著豁然開朗了。

信奉伊斯蘭教的穆林斯每天必須做五次禱告，而且禱告的時候一定要面對聖城麥加的方向，教徒們每天都爲了確認聖城的方向而大費周章。

有個比利時商人范德維格便根據穆林斯的特性，研製了一種不一定指向南方的「指南針」。這種「指南針」的特點是，不管放在哪裡，它都會指向聖城麥加。范德維格把「指南針」製成扁平狀，然後嵌入地毯中一起販售，推出之後大受歡迎；從此以後，穆林斯不管到了哪裡，只要把地毯往地上一鋪，就可以對著聖城禱告，再也不用爲了尋找方向而傷透腦筋。

誰說指南針一定要指向南方？

在現實人生中，我們心中的「指南針」，應該時時刻刻指向自己嚮往的「聖城」的方向。

和日本戰國群雄相比，豐臣秀吉有著截然不同的思考方法和行爲模式，他心中的「指南針」就一直指向成功的地方。

當時，戰國群雄十分注重形式上的身段和風範，強調「花是櫻木，人是武士」，一般武將和平民百姓也都認爲，能在戰場上奮勇殺敵才是一流武士。倘使豐臣秀吉也這麼認爲，憑他那不滿一百五十公分、又瘦又小的身軀，恐怕一輩子也當不了武士，更別提統一日本了。

豐臣秀吉認爲，想成爲第一流的武士，最不可缺少的是智慧，而不是蠻力。

當時的戰爭型態，大體而言仍然停留在敵我雙方正面遭遇後廝殺一場，然後再以兵士死傷多寡作爲勝負的憑據。

豐臣秀吉則認爲，其實戰爭的勝敗，早在兩軍尚未交鋒之前便可預知，只要透過縝密的政治謀略和外交折衝進行合縱連橫，便可不戰而屈人之兵。

這種觀念和《孫子兵法》所說的「上兵伐謀，其次伐攻」十分相近。

豐臣秀吉一心想成爲「日本第一武士」，儘管先天體魄差人甚多，輸在起跑線上，但是，他毫不氣餒，轉而潛心鑽研政治、外交謀略，不但改變了傳統戰爭型態，也使得整個日本戰國歷史爲之丕變。

豐臣秀吉認爲，這才是第一流的武士應該擁有的智慧，遠勝過在戰場上砍下千萬個敵人腦袋。

豐臣秀吉的成功絕非偶然，他跨越了世俗的思考模式，按照自己的意志行事，用暢通無礙的想法，表現自己的能力和才華。

可以這麼說，比起劉邦和朱元璋，豐臣秀吉更具有遠大志向，也更有計劃地經營自己的人生。

戰勝人性的弱點

生存和苦惱都是戰鬥行為，只有和苦惱戰鬥，並且表現出堅忍氣概的人，才算是一個頂天立地的人。

——羅曼羅蘭

11

不適時落跑，就會露出馬腳

混水摸魚雖可一時蒙蔽別人，
但若無真才實學，終究會露出馬腳，
因此做人要有自知之明，
知道什麼時候可以打混，什麼就該「落跑」。

寄望外來的和尚，後果通常不堪設想

寄望外來的和尚替自己誦經，是一般人最容易犯的錯誤行徑。外人因與自身利益無關，勢必不會出盡全力，且多作保留。

戰國時期，有個名叫榮蚡的人，被燕王封爲高陽君，並派任他爲統帥，帶領軍隊攻打趙國。

榮蚡很會打仗，趙孝成王得到消息後非常害怕，立即召集大臣商議對策。

宰相趙勝想出一個辦法，說道：「齊國的名將田單善勇多謀。不如我國割讓三座城池送給齊國，以此作爲條件，請田單來幫助我們，帶領趙軍作戰，一定可以取得勝利。」

但大將趙奢卻不同意這麼做，他說：「難道我們趙國就沒有大將可以領兵了嗎？

仗還沒有打，就先要割三座城池給齊國，那怎麼行啊！我對燕軍的情況很熟悉，爲什麼不派我領兵抵抗呢？」

趙奢還進一步分析說道：「第一，即使田單肯來指揮趙軍，我國也不一定就能取勝，也有可能敵不過榮蚡，那就是白請他來了；第二，就算田單確實有本領，但他也未必肯爲我國盡心盡力，因爲我國軍隊強大起來，對他們齊國稱霸不是很不利嗎？因此，他不可能會爲我國的利益而認眞地對付燕軍。」

接著，趙奢又說：「田單要是來了，他一定會想盡辦法把我們趙國的軍隊拖陷在戰場上，如此耽誤下去，不但荒廢時間，而且這樣長久地拖下去，幾年之後，便會把我國的人力、財力、物力全部消耗掉，後果實在不堪設想！」

但是，趙孝成王和宰相趙勝還是沒有聽信趙奢的意見，仍然決定割讓三座城池，聘請齊國的田單來當趙軍的統帥。結果，不出趙奢所料，趙國陷入了一場得不償失的消耗戰，付出了很大的代價，只奪取了燕國一個小城，沒有獲得理想中的勝利。

寄望外來的和尚替自己誦經，是一般人最容易犯的錯誤行徑。

趙孝成王未聽任大將趙奢的話，花了三座城池請來的傭兵統帥，果然未能竟功，縱使沒吃敗仗，但也消耗趙國原有的軍力守備，如果再有強敵來襲，就無力抵抗了。用兵貴在神速，長久的消耗戰是最爲致命的，不僅軍心不易集中，軍隊也因長久的緊繃疲累，而達不到原有的戰力。

趙國最大的錯誤在於，不在自己的陣營中尋找適合擔當大任的將才，反而求諸他人，外人因與自身利益無關，勢必不會出盡全力，且多作保留。

事實證明，田單到趙國之後，事事仍以他自己的家國爲先，雖然最後仍不負所託以勝仗終結，但已將趙軍戰力拖延，再無壯大之力，趙國實在得不償失。

戰勝人性的弱點

作家伊本·穆加發：「很多人，表面上交好，骨子裡卻埋著刀劍，這種情形，比平常的仇恨更加凶惡，防範一不周密，必定要受大害。」

不適時落跑，就會露出馬腳

混水摸魚雖可一時蒙蔽別人，但若無真才實學，終究會露出馬腳，因此做人要有自知之明，知道什麼時候可以打混，什麼就該「落跑」。

戰國時期，齊宣王非常喜歡聽人吹竽，而且喜歡許多人一起合奏給他聽，所以派人到處網羅能吹善奏的樂工，組成了一支三百人的吹竽樂隊。

由於那些被挑選入宮的樂師，受到了特別優厚的待遇，當時有一個游手好閑、不務正業的浪蕩子弟名叫南郭，聽說齊宣王有這種嗜好，就一心想混進那個樂隊。他設法求見齊宣王，吹噓自己是一名了不起的樂師，博得了齊宣王的歡心，終於被編入吹竽的樂師班裡。

但是，這位南郭先生根本不會吹竽，每當樂隊爲齊宣王吹奏的時候，他就混在隊伍裡，學著其他樂工的樣子搖頭晃腦、東搖西擺，裝模作樣地「吹奏」。因爲他學得維妙維肖，又由於是幾百人在一起吹奏，齊宣王也聽不出誰會誰不會。就這樣，南郭混了好幾年，不但沒有露出一絲破綻，而且還和別的樂工一樣領到優厚的賞賜，過著舒適的生活。

後來，齊宣王死了，他兒子齊湣王繼位。齊湣王同樣愛聽吹竽，只是他不喜歡合奏，而喜歡樂師一個個單獨吹給他聽。

南郭先生聽到這個消息後，嚇得渾身冒汗，整天提心吊膽，心想這回可要露出馬腳了，丟飯碗是小事，要是落個欺君犯上的罪名，連腦袋也保不住了，所以，趁湣王還沒叫他演奏，就趕緊溜走了。

混水摸魚雖可一時蒙蔽別人，但若無眞才實學，終究會露出馬腳，因此做人要有自知之明，知道什麼時候可以打混，什麼就該「落跑」。

就像南郭先生，知道在齊宣王的時代，自己夾雜在一大群樂師中間，就算不會吹竽也無妨，白白騙得豐厚的獎賞；等到了要個別上陣見眞章時，眼見再也遮掩不了，就得連夜倉皇奔逃。

這個故事給我們一個重要的啓示：在競爭激烈的現代社會，不要以爲自己永遠可以濫竽充數，就算別人一時不會察覺，但總有撥雲見日的一天，如果不設法充實自己或趁機抽腿，到那時，難堪的就是自己了。

戰勝人性的弱點

費爾巴哈《幸福論》：「人與動物共同之點的那個東西，在人身上人性化了、高尚化了、精神化了，但可惜也常常變畸型了和惡化了。」

千萬別相信小人會改過自新

對於生性殘忍凶惡的歹毒的小人必須嚴加提防，最好抱持著「敬而遠之」的態度，千萬別相信他們會改過自新，如此才不會招來不測。

楚國令尹子文爲人公正，執法廉明，楚國的官吏和百姓都很敬重他。

子文的兄弟子良，在楚國當司馬，生個兒子叫越椒。這天，正逢越椒滿月，司馬府宴請賓客，一時熱鬧非凡，顯得喜氣洋洋。

子文也應邀來到司馬府，看到侄子越椒後大吃一驚，急忙找來子良，告訴他：「越椒這個孩子千萬不可留。他啼哭的聲音像狼嚎，長大以後必然是我們的禍害。諺語說：『狼子野心』，狼崽雖小，卻有兇惡的本性。他是條狼啊，你千萬不能善待他，快拿定主意把他殺了。」

子良聽了這番話，頓時嚇得魂飛魄散。過了好一陣，他才斷斷續續地說：「我是……是他的親生父親，怎能忍心親手殺……殺了他呢？」

子文一再勸說，子良終不肯聽從。子文對此事十分憂慮，臨死的時候，把親信們叫到跟前告誡說：「千萬不能讓越椒掌權。否則後果不堪設想，一旦他得勢，你們就趕快逃命吧。」

子文死後，他的兒子斗般當了令尹，越椒也接替父親做了司馬。

公元前六二六年，越椒爲了奪取令尹職位，百般討好楚穆王，說盡斗般的壞話。楚穆王聽信了讒言，讓越椒當了令尹。後來，越椒趁楚穆王死後作亂，掌權後即殺害了斗般和子文生前的親信。

但後來楚王興兵剿滅越椒，若敖氏（子文宗姓）一族，從此絕嗣。

所謂事有徵兆，子文早看出越椒暴戾的梟雄本性，但子良難以對自己的孩子趕盡殺絕，又未事先多加防範用心教導，反而放任越椒恣意爲惡。

越椒越來越坐大，益發地囂張狂妄，繼承了父親的職位，仍進一步獨攬大權，趁機作亂，果然後來被新任楚王討伐，導致若敖氏一族被滅絕嗣。

緬甸有句諺語說：「世間沒有誠實的狐狸，也沒有吃素的老虎。」因此，對於生性殘忍凶惡的歹毒的小人必須嚴加提防，最好抱持著「敬而遠之」的態度，千萬別相信他們會改過自新，如此才不會招來不測。

戰勝人性的弱點

法國思想家巴斯卡：「人生只不過是一場永恒的虛幻罷了，我們只不過是在相互蒙騙相互阿諛。人不外是偽裝，不外是謊言和虛假而已。」

不想當壞人，就不要和壞人混在一塊

在物以類聚的效應下，世間狼狽為奸的事情到處都是，如果你不想當壞人，就不要和壞人混在一起，免得淪為和壞人狼狽為奸的歹徒。

《博物典匯》中說：「狼前二足長，後二足短；狽前二足短，後二足長；狼無狽不立，狽無狼不行。」

狼和狽是兩種野獸，牠們長得形狀十分相似，性情也十分相近。牠們之間所不同的是，狼的兩條前腿長，兩條後腿短；而狽正好相反，牠的兩條前腳短，而兩條後腳長。

這兩種野獸，常常合作一起出去偷吃人類畜養的家畜，對人類造成很大的危害。

傳說有一次，一隻狼和一隻狽一起走到一家農民的羊圈外面，知道裡面有好多的羊，便打算偷一隻羊來吃。

可是，羊圈築得很高，又很堅固，既跳不過去，也撞不開門，一時不知道如何是好。

牠們商量了一下，終於想到了一個辦法，那就是讓狼騎在狽的頸子上面，再由狽用兩條長腿站立起來，把狼扛得高高的，然後狼再用牠的兩條長長的前腳，攀住羊圈，把羊叼走。

在這次行動中，如果單單只有狼，或只有狽，都一定沒辦法爬上羊圈，把羊偷走；可是，牠們卻會利用彼此的長處，互相合作，終於順利地把羊偷走。

後來，人們就根據上面這則故事，而引申成「狼狽爲奸」這一成語，用來比喻兩個或幾個人聚集在一起，互相勾結做壞事情。

人的聰明才智用在善的地方，是國家人民之福，但若用在惡的地方，便會爲家庭社會帶來災禍。

譬如，一個人對電腦科技擁有特別專精的技術，如果他能爲國家社會貢獻自己的才能，設計出方便民眾使用的機器或程式，所有的人都可以因此而蒙受其惠。

反之，他若心有不軌，反而糾集「志同道合」的朋友，將自己的特殊能力用來作奸犯科，那麼最後觸及法網，身陷牢獄，非但毫無未來可言，再好的身手長才，也無用武之地，豈不可惜？

遺憾的是，在物以類聚的效應下，世間狼狽爲奸的事情到處都是，使得整個社會淪爲一個又一個的共犯結構。

因此，如果你不想當壞人，就不要和壞人混在一起，免得淪爲和壞人狼狽爲奸的歹徒。

戰勝人性的弱點

松下幸之助說：「不可以希望世界上全部是好人，或是心地善良的人；十個人之中，必有不美好的人，不正當的人，這是社會的真實狀態。」

要赴鴻門宴，必須有脫身的盤算

聰明的人行事之前都會詳加盤算，為自己預留退路，一旦情勢危急才能全身而退，不至於滿盤皆輸。

劉邦率軍攻占秦朝都城咸陽後，派兵駐守函谷關。

不久，項羽率大軍來到了函谷關。他聽說劉邦已經攻下咸陽，非常生氣，進關後便把軍隊駐紮在鴻門，準備與劉邦一決雌雄。

當時，項羽的軍隊有四十萬人，而劉邦的軍隊只有十萬人，形勢對劉邦非常不利。項羽的叔父項梁，是劉邦的重要謀士張良的朋友，怕張良跟著劉邦送死，連夜跑去勸他逃走，於是張良就陪項梁去見劉邦。

經過張良和劉邦的解釋，項梁答應從中調停，並叫劉邦第二天親自到鴻門去向項羽謝罪。

第二天，劉邦帶了一百多名隨從人馬，前去拜會項羽，終於取得了項羽的諒解。

當天，項羽留劉邦一起喝酒，席間，項羽的謀士范增命項羽的堂弟項莊以舞劍助酒興的名義伺機刺殺劉邦。但是，項莊舞劍之時，項梁也即刻拔劍起舞，暗中以身體掩護劉邦。

張良見形勢不妙，便到營門外面找與劉邦同來的將領樊噲，通報席上的情景。

樊噲立刻一手握劍，一手拿盾牌護身，衝進營門，拉開軍帳的帷幕，睜大雙眼看著項羽，惱怒得頭髮上豎，連眼眶也彷彿要裂開。項羽見了樊噲，連忙按著劍，問道：「這個人是在做什麼呀？」

張良回答說：「這是沛公的參乘樊噲。」

項羽這才放下劍把，說：「好一位壯士！賞他一杯酒喝！」

在旁侍候的人聽了，馬上給他一大杯酒。

樊噲說：「我連死也不怕，區區一杯酒算得了什麼！我還有幾句話奉勸大王。從前，秦王殘暴得像虎狼一樣，殺人唯恐不多，處罰人唯恐不重，因此天下的人都反對他。楚懷王跟起義的將領約定說：『誰先攻破秦軍進入咸陽的，就當秦王。』現在沛公先攻破秦軍進入咸陽，城裡的東西一絲一毫也不敢動，等待大王到來。他派遣將士守住函谷關，原來是防備其他的隊伍進出，怕發生意外。沛公這樣勞苦功高，不但沒有得到封侯的賞賜，大王反而聽信小人的話，要想誅殺有功的人，這是在繼續走秦朝敗亡的道路。我認爲，大王不應該這樣做啊！」

項羽聽了樊噲這席話，無話可答，只說了聲「坐吧」。於是，樊噲就在張良旁邊坐下。

坐了一會兒，劉邦藉口離席，趁機叫樊噲一起出去，決定不辭而別。他叫張良留下，向項羽辭謝，並把隨身帶來白璧和玉斗交給張良，由他代爲送給項羽和范增。

張良估計劉邦等已經回到軍營，才重新入席，告訴項羽劉邦已回軍營去，並向項羽送上白璧，向範增送上玉斗。范增知道計謀未能如願，接過玉斗後，憤怒地隨手摔在地上，拔出劍來將它砸得粉碎。

聰明的人行事之前都會詳加盤算，爲自己預留退路，一旦情勢危急才能全身而退，不至於滿盤皆輸。

劉邦得良才相助，因此鴻門一宴早有準備，明知項羽、范增有意取他性命，仍勇敢赴會，再由張良、樊噲巧計脫身。

范增見借舞劍刺殺劉邦的計謀被識破，讓劉邦得以脫逃回到漢軍陣營，憤怒得將張良代爲送上的玉斗砸個粉碎，因爲他明白，此計一旦失敗，他日劉邦定有防備，且會伺機復仇，而項羽一統天下的霸業也將受到阻撓，難以成就。

果其不然，劉邦聲勢日益壯大，項羽終於兵敗垓下，自刎烏江畔。

戰勝人性的弱點

法蘭西斯．培根《人生論》：「天性好比種子，它既能長成香花，也可能長成毒草。人應當時時檢查，以培養前者而拔除後者。」

懂得廣結善緣，才會左右逢源

平常我們就應該廣結善緣，如此一來，身陷困境或處理疑難雜症之時便能適時獲得必要的助力。

公元前六六三年，齊桓公應燕國的要求，出兵攻打入侵燕國的山戎（今河北東部），相國管仲和大夫隰朋隨同前往。

齊軍趕到燕國時，山戎的軍隊已經掠奪了許多財物，竄逃到東面的孤竹國去了。齊桓公本想就此收兵回國，但管仲建議跟蹤追擊，順勢攻滅孤竹國，以保證北方的安全。齊桓公接受了他的建議，下令大軍向東緊追，一路追到孤竹，山戎國和孤竹國的大王都嚇得逃跑了；但是齊桓公仍不罷休，率領大軍繼續追擊，最後終於取得勝利。

齊軍是春天出徵的，到了凱旋而歸之時已是冬天，草木枯黃凋零，景色也變了樣。大軍在崇山峻嶺裡轉來轉去，最後迷了路，一時之間竟找不到歸途。

齊桓公雖然派出多批探子前去探路，但仍然弄不清楚該從哪裡走出山谷。時間一長，軍隊的補給便發生了困難。

情況變得非常危急，如果再不找到出路，大軍就會困死在這裡。管仲思索了好久，終於有了一個想法，認爲既然狗離家很遠也能尋回家去，那麼軍中的馬，尤其是老馬，也應該有認識路途的本領。

於是，他對齊桓公建議說：「大王，我認爲老馬應該有認路的本領，不妨利用牠們在前面領路，帶引大軍走出山谷。」

齊桓公同意試試看。管仲立即挑出幾匹老馬，解開韁繩，讓牠們在大軍的最前面自由行走。說也奇怪，這些老馬都毫不猶豫地朝同一個方向行進。大軍就緊跟著牠們東走西走，最後終於走出山谷，找到了回齊國的大路。

經驗是日益累積下來的，即使管仲是春秋時期的一代名相，但是對於不熟悉的事物也一籌莫展。在山林中迷失道路，如何尋找出路，管仲自然是不如一匹老馬。從這個例子可以得知，每個人都有每個人的可取之處，即使雞鳴狗盜之輩，危急之時也大有用處。

而且，有經驗的人，更能對情況步驟瞭若指掌，對於問題起因，也較容易理出頭緒。

因此，平常我們就應該廣結善緣，對於學有專精的前輩更應該虛心請教，如此一來，身陷困境或處理疑難雜症之時便能適時獲得必要的助力。

戰勝人性的弱點

法國哲學家狄德羅：「人類既強大又虛弱，既卑瑣又崇高，既能洞察入微，又常常視而不見。」

你就是孩子的模仿對象

父母自己的言行舉止，都是孩子第一個模仿的對象，父母若不以身作則，如何能要求孩子品行良好、仁慈謙恭？

三國時代，諸葛亮的哥哥諸葛瑾東吳大將軍。諸葛瑾，字子瑜，他有個兒子叫諸葛恪，從小聰明伶俐，口才極好，孫權對他十分寵愛。

有一次，孫權在朝廷設宴，六歲的諸葛恪隨父親前去參加。由於諸葛瑾的臉長得特別長，孫權想開他的玩笑，便乘著酒興，命人牽來一頭毛驢，在驢的長臉上寫了「諸葛子瑜」四個字，藉以譏諷諸葛瑾臉長似驢。

眾人見了，莫不捧腹大笑，諸葛瑾也感到很尷尬。

諸葛恪見了，走到孫權席前，跪請添寫二字。孫權想看看他究竟想添寫什麼字，便命人將筆拿來給他。

諸葛恪拏筆之後，在「諸葛子瑜」四字後面添寫了「之驢」二字，這樣就成了「諸葛子瑜之驢」。滿座大臣見了無不驚訝嘆服，孫權見諸葛恪如此機敏，十分高興，便當場把毛驢賞賜給他。

又有一次，孫權問諸葛恪：「你父親和你叔父諸葛亮相比，到底是誰高明？」諸葛恪答道：「當然是我父親高明。」

孫權要他說出因由，他不假思索地說：「我父親懂得侍奉明主，而我叔父卻不懂得這個道理，所以當然是我父親高明。」

孫權後來對諸葛瑾說道：「人們都說藍田生美玉，名門生賢良，眞是名不虛傳呀！」

俗話說：「虎父無犬子」，那是因爲將門之後在父兄的薰陶下，或多或少也有了相類似的氣度，這也說明了身教和言教的重要性。

爲人父母者，如果希望自己的孩子賢達過人，自己卻爲富不仁，不行功義，那麼無異緣木求魚，是不可能的事。要明白，父母自己的言行舉止，都是孩子第一個模仿的對象，父母若不以身作則，如何能要求孩子品行良好、仁慈謙恭？

如果你整天要孩子用功讀書，自己卻連書報也不看，孩子又怎會信服，而眞心向學？

戰勝人性的弱點

古羅馬作家卡羅爾在《鏡中世界》說：「當你思考準備說什麼的時候，先做出一副彬彬有禮的樣子，因為這樣可以贏得時間。」

逞強，只會落得悲慘下場

人想要過得快活，就必須有自知之明，不管做什麼事都要先稱稱自己到底有幾兩重，不要打腫臉充胖子，否則就會因為一時的逞強而落得更悲慘的下場。

公元二二三年，蜀漢的建立者劉備因病去世，他十六歲的兒子劉禪即位，人稱後主。

劉禪是個昏庸無能的人，即位初期由於丞相諸葛亮等人的輔佐，還能好好地治理國家。後來輔佐他的人先後去世，他自己又只知道玩樂，因此把國家治理得越來越糟糕，國勢日趨衰弱。

公元二六三年，魏國大將鄧艾攻下綿竹，大軍直逼成都，劉禪只好投降，當了俘虜，至此蜀漢滅亡。

不久，魏帝曹奐命劉禪遷到魏國都城洛陽居住，並封他爲安樂公，給予他很多賞賜。劉禪對此很滿足，毫不在意地在異國他鄉重過享樂生活。

當時，魏國的大權掌握在晉王司馬昭手中。有一天，司馬昭請劉禪飲酒，席間，特地爲他表演蜀地歌舞。

在場的蜀漢舊臣看了，不禁觸景生情，心中十分難過，有的還掉下了眼淚。只有劉禪觀看得津津有味，樂不可支，臉上全無亡國之恨。

司馬昭見到這種情況後，私下對一位大臣說：「一個人竟然可以糊塗到這等程度，眞是不可思議。如此看來，即使諸葛亮還活著，也不能保住他的江山！」

席間，司馬昭故意問劉禪說：「你思念蜀地嗎？」

「我在這裡過得快樂，根本不思念蜀地。」劉禪回答說。

過了一會，劉禪起身離席，原在蜀漢任職的郤正跟到廊下，暗地裡對他說：「今後大將軍再問您是否還思念蜀地，您應該哭著說，我沒有一天不思念。這樣一來，您還有希望回到蜀地去。」

不久，司馬昭果然又問劉禪是否還思念蜀地，劉禪照郤正所教的說了，還勉強擠出了幾滴眼淚。

不料，司馬昭已知道郤正教劉禪說這話的情況，聽後哈哈大笑，當場點穿，劉禪只得承認。

劉禪是歷史上有名的「扶不起的阿斗」，不過，儘管他沒有治國平天下的才能，卻有著裝瘋賣傻的活命本領。

蜀漢原本就是三國之中最弱的國家，在名相諸葛亮治理之下，都沒有辦法興盛了，平庸的劉禪自然只求能輕鬆享樂過活。

諸葛亮死後，蜀漢很快地就投降原本就是大勢所迫，責怪他似乎沒什麼道理。

身爲俘虜，他倒也不太在乎，因爲在軟禁生活，他無需管理朝政，反而落得輕鬆，開心渡日。

或許看在蜀漢舊臣眼中，他這般樂不思蜀的模樣實在令人黯然，但正是因爲他的平庸，讓司馬昭沒有威脅之憂，遂留他一命，沒有趕盡殺絕。

人想要過得快活，就必須有自知之明，徹底認清自己的能力，以及置身於什麼環境。

不管做什麼事之前都要先稱稱自己到底有幾兩重，不要打腫臉充胖子，否則就會因爲一時的逞強而落得更悲慘的下場。

戰勝人性的弱點

莎士比亞在《亨利六世》中說：「只有鼓起勇氣才是辦法！凡是無法逃避的事情，如果光害怕、著急，那只能算是幼稚、軟弱！」

禮物越豐富，越容易獲得別人幫助

「誠意」是相當抽象的，往往讓人摸不著邊際，因此，最好以實際的禮物來呈現。至於禮物的大小多寡，當然得視事情的困難度定，越棘手的事，禮物當然必須越豐富。

淳于髡是戰國時齊王的一個入贅女婿。他身材不高，但能言善辯，非常風趣，曾經多次代表齊國出使各諸侯國，從來沒有受到冷落或屈辱。

當時，齊國由齊威王執政。齊威王愛聽小人的甜言蜜語，又喜好徹夜宴飲，逸樂無度，陶醉於飲酒之中，把政事委託給卿大夫。文武官員跟著荒淫放縱，各國見狀便乘機來侵犯，使得齊國存亡就在旦夕之間。

公元前三七一年，楚國派大軍侵犯齊國。齊威王於是派遣淳于髡出使趙國求救，並讓他攜帶黃金百斤，馬車十輛和駕車的馬四十匹，作爲送給趙王的禮物。豈料淳于髡見到這些禮物，仰天大笑，竟將繫帽的帶子都笑斷了。

齊威王見到他這副模樣，連忙又追問他爲什麼這樣笑，淳于髡這才說道：「今天我從東邊來時，見路旁有個祈求神明的人，拿著一隻豬蹄、一濁杯酒，對天告禱說：『請讓高地上收獲的穀物盛滿篝籠，低田裡收穫的莊稼裝滿車輛，五穀豐登，米糧堆積滿倉。』我見他拿的祭品很少，祈求的東西太多，所以不禁笑了出來。」

齊威王聽出隱喻，只好調出了大量的金銀財寶及多項寶物，命淳于髡前往趙國求援。後來，淳于髡果然不辱使命，帶回救援的數萬趙國精兵前來，楚軍聽聞消息便打消了進攻之意。

淳于髡受命前往趙國借兵，但看到齊威王所準備的禮品實在誠意不足，就算自己能力再高也難以打動趙王，不禁仰頭大笑齊威王的天眞。所幸，齊威王並非眞正昏庸之君，聽懂了淳於髡的暗示，連忙搬出更多金銀財寶。

後來，淳于髡之所能從趙國借回了數萬精兵，讓楚國打消進犯之意，化解了亡國危機，除了他本身的三寸不爛之舌之外，當然得歸功於他所攜帶的這些珍貴禮物。

想要求人幫助，除了必須懂得如何開口之外，還得擺出自己的「誠意」。「誠意」是相當抽象的，往往讓人摸不著邊際，因此，最好以實際的禮物來呈現。

至於禮物的大小多寡，當然得視事情的困難度定，越棘手的事，禮物當然必須越豐富。千萬別像故事中的齊威王，想要別人爲自己解決燃眉之急，卻還吝於一些身外之物。

戰勝人性的弱點

古希臘臘學家亞里斯多德說：「人們在處理財富人表現過於吝嗇，或過於縱濫的精神，都是不適宜的。唯有既樸素而寬裕，才是合適的品性。」

用溫情攻勢讓對方讓步

人畢竟是感情的動物，最難抵擋的就是溫情攻勢。因此，必要的時候，不妨試著裝可憐，讓對方難以招架之餘，達成自己的目的。

晉朝時，武陵人李密品德、文才都很好，在當時頗享盛名。

晉朝皇帝司馬炎看重他的品德和才能，便想召他到朝廷做官，但幾次都被他婉拒了。

原來，李密很小就沒有了父親，四歲時母親被迫改嫁，他從小跟自己的祖母劉氏生活。

李密在祖母的照料下長大，也是由祖母供他讀書，因此，李密與祖母感情非常深厚，他不忍心丟下年老的祖母而去做官。

最後，李密給司馬炎寫了一封信，表明自己進退維谷的境遇。信中說：「我出生六個月時便沒有父親，四歲時母親被舅舅逼著改嫁，祖母劉氏看我可憐，便撫養我長大。我家中沒有兄弟，祖母也沒有其他人可以照顧。祖母一人歷盡艱辛把我養大，如今她年老了，只有我一人可以服侍她度過殘年。可是，我不出去做官，又違背了您的旨意，我現在的處境眞是進退兩難呀！」

李密立陳情表，既表明了對司馬炎知遇之恩的謝意，又陳述了終養祖母以盡孝道的決心，寫來合情合理感人至深。

據說，司馬炎看了，不僅體諒他的孝心，答應他的請求，還賞賜他諸多財物，讓他得以贍養祖母終年。

李密既想侍奉敬愛的祖母，又不敢違背君王的旨意，忠孝難以兩全，進退之間實在難以抉擇。《陳情表》一文，將他如此爲難的心境一覽無遺，眞切的情感，連司馬炎都深受感動。

有人說，李密可能是因爲不想擔任晉朝的官吏，才以此爲藉口婉拒司馬炎的邀請，但是，在《陳情表》文中，他把話說得句句合情合理，毫無破綻，詳述對祖母的撫育之恩及對君王的知遇之情，都極爲眞摯，司馬炎縱使知道他的眞正意圖，最後也只得做個順水人情，讓他得以終養祖母天年。

人畢竟是感情的動物，最難抵擋的就是溫情攻勢。

在現實生活中，我們也常常會遇見這樣的狀況，當你費盡唇舌，講盡道理，卻仍然不能說服對方的時候，往往裝出一副可憐的模樣，向對方動之以情，就能輕易地使對方讓步。

因此，必要的時候，不妨試著裝可憐，讓對方難以招架之餘，達成自己的目的。

戰勝人性的弱點

古羅馬思想家西塞羅：「人的眉毛、眼神和面孔常常欺騙我們，但最能欺騙人的，莫過於嘴裡說出的話。」

智謀經典

31

戰勝人性的弱點全集

作　　者　公孫龍策
社　　長　陳維都
藝術總監　黃聖文
編輯總監　王　凌
出 版 者　普天出版家族有限公司
新北市汐止區忠二街 6 巷 15 號
TEL / (02) 26435033 (代表號)
FAX / (02) 26486465
E-mail：asia.books@msa.hinet.net
http://www.popu.com.tw/
郵政劃撥 19091443 陳維都帳戶
總 經 銷　旭昇圖書有限公司
新北市中和區中山路二段 352 號 2F
TEL / (02) 22451480 (代表號)
FAX / (02) 22451479
E-mail：s1686688@ms31.hinet.net
法律顧問　西華律師事務所・黃憲男律師
電腦排版　巨新電腦排版有限公司
印製裝訂　久裕印刷事業有限公司
出 版 日　2020 (民 109) 年 8 月第 1 版
ISBN◉978-986-389-734-7　　條碼 9789863897347

國家圖書館出版品預行編目資料

戰勝人性的弱點全集／
公孫龍策著.—第1版.—：新北市,普天出版
民 109.08 面； 公分. -（智謀經典；31）
ISBN◉978-986-389-734-7 (平裝)